JN410298

향이네 오는 길

조경옥 수필집

향이네 오는 길

조경옥 수필집

1판 1쇄 인쇄/ 2017년 9월 25일
1판 1쇄 발행/ 2017년 9월 29일

지은이 / 조 경 옥
펴낸이 / 우 희 정
펴낸곳 / 도서출판 소소리

등록 / 제300-2007-21호
주소 03073 서울 종로구 성균관5길 39-16
전화 / 765-5663, 010-4265-5663
e-mail: sosori39@hanmail.net
www.sosori.net

값 12,000 원

*잘못된 책은 바꿔드립니다.

ISBN 979-11-5891-086-0 03810

향이네 오는 길

조경옥 수필집

책을 내면서

자연 속에서 맘껏 뛰어놀던 아이가 도시의 갑갑함을 견디며 초록빛 그리움이라는 이름 하나 겨우 붙잡고 힘을 내려 한 것이 바로 수필이라는 마음밭이었습니다.

향이라는 풀냄새 나는 예명부터 짓고 보니 수필과 몹시 어울려서 시골향기 풍기며 초록과 자연의 이야기들을 심고 가꾸기 시작했습니다.

향이만의 맛과 색깔을 내는 것이 얼마나 행복한 일인지 깨닫기까지는 그리 오래 걸리지 않았습니다.

잊고 있었던 옛일들을 세밀하게 떠올리고 무심코 지나갔던 초목의 이름들을 다시 부르고 계절마다 바뀌는 공기의 온도와 흐름을 자꾸 이야기하고 힘들었던 상처와 따스했던 용서의 이야기들을 작은 노트에 적어 내려가는 것이 내 삶의 모습이 되었습니다.

그리고 이왕이면 더 서정적인 마음으로 살고, 이왕이면 더 새로운 곳으로 여행을 가고, 더 많은 사람들의 이야기를 인터뷰하듯 묻고 들으며 살고 싶어졌습니다.

향이네로 오는 길엔 그저 안개꽃처럼 풀어진 마음으로 오시거나 낭만가객이 되어 오묘한 언어의 향연을 하며 오시면 즐거울 것입니다.

어릴 때, 언제 크나 싶던 동네 동생을 우연히 만난 것처럼 두 팔 벌리고 오시면 수줍어하며 뛰어나가 행복한 미소로 반기겠습니다.

항상 살아가는 힘을 주는 두 딸과, 도움주시는 선배님과 정답게 향이라 불러주시는 오랜 인연을 가진 수필이야기 회장님과 여러 선생님들께도 진심어린 감사의 말을 전하고 싶습니다. 고맙습니다.

2017년 9월 어느 날에

향이 조경옥

1. 추억 스케치

2. 상처를 보며

3. 어떤 그리움

1.

추억 스케치

내 노년은 쉬이 빛이 바래져가겠지만 철철이 제 모습 그대로 그 색깔 그대로 꽃을 피우고 열매를 맺는 그네들은 여전해서 내 나이 듦을 못 느끼게 해줄지도 모르겠습니다.

훗날 나무를 바라보는 내 모습을 보고 누군가가 아름답다고 말해 주길 기대하면서 내 나무사랑의 넓이에 깊이까지 더해지기를 소망해 봅니다.

나는 나무를 알아간다

"이 모감주나무가 말입니다. 6월이 짙어가면 노란 꽃이 피는데 아주 예술이죠."

노란색 패찰을 나뭇가지에 묶으면서 김선생님이 사람 좋은 얼굴로 사다리 위에 올라서서 상기된 얼굴로 이야기합니다.

입으로만 나무를 사랑한다고 말하던 시절들이 있었습니다.

마흔을 넘기면서 이제야 말하지 않는 생명체의 경이로움이 피부에 와 닿음을 알아가는 것 같습니다.

6월에 주는 그들의 초록빛 생기는 바로 내 사춘기시절의 풋풋함이고 그 울창함은 말할 수 없는 넉넉한 배려라는 것을….

어느덧 꼬불꼬불 산길을 달려 고향길로 달려가게 하는 시간이 만들어집니다.

내 고향 마을 어귀에는 여느 동네에 가면 거의 하나쯤은 있는 커다란 느티나무가 한 그루 있었습니다.

어린 시절 친구 서 너 명이 손을 잡고 나무둘레를 재어봤는데 잘 안아지지 않았던 '당나무'라 불리던 느티나무. 그 덩치 큰 나무는 가을이면 여지없이 온 동네를 덮어버렸고 여름엔 아주 멋진 미니 숲속을 만들어 주었습니다.

동네사람들의 요새인 그곳엔 작은 시장도 열렸고 사물놀이판도 있었고 열매수매작업도 있었습니다.

가뭄에 콩 나듯 초록빛 시외버스가 털털거리고 지나가고 나면 먼지투성이가 되었다고 툴툴하다가 금세 아무렇지도 않게 평상으로 돌아오곤 했었습니다.

여고 시절에 도시학교에 다니다 주말이면 고향 길을 찾는 나에게 거역할 수 없는 웅장함을 자랑하며 있어도 없는 듯 없어도 있는 듯 반겨 주었던 그 나무가 어느 날엔가 베어져 없어져 버렸던 날들을 기억합니다.

편리함을 추구한다는 이유로 교통의 방해요소를 없애버렸던 것입니다.

내 유년의 작은 추억들이 망망대해에 풍덩 빠져버린 듯한, 그 사건은 아직까지도 나를 소름끼치게 합니다.

불거져 나온 나무뿌리들 사이에 숨겨놓은 장난감들, 움푹 패인 옹이들 속에 넣어 놓았던 구슬이며 딱지며, 영화의 한 장면처럼 단발머리 꼬맹이들이 그 나무 사이에서 까르르 웃는 모습이 교차되는 듯합니다.

그때 베어진 나무를 보고 속상했던 것보다 더 나은 그 무엇이 있어서 까맣게 잊고 살아올 수 있었던 내 생활들…. 마흔을 넘기면서 거짓말처럼 잊고 살았던 날들로 인해 다시 애달파집니다. 그 나무가 지금도 있다면 얼마나 좋을까.

올봄에 교장선생님이 나무들 이름을 달아 주자고 제의하신 때부터 나무에게 가는 내 시선이 달라지기 시작했습니다.

도서실에 가니까 『우리 나무 우리 꽃』이란 책을 찾을 수 있었고 학명과 과명을 알기위해 인터넷 검색을 할 때부터 마음이 자꾸만 들떠있었습니다.

석류나무, 산수유, 모과나무, 광나무, 배롱나무 귀룽나무, 산당화, 박태기, 수수꽃다리, 이팝나무. 이름들이 어찌나 예쁜지 내 입술로 말할 때마다 스스로 순수해졌습니다.

며칠 동안 나무를 알아가는 품이 너무 감상적이라 슬프기까지 했다는 내 모습이 보기 좋았다고 옆에 계신 선생님이 말씀해 주셨을 때, 느티나무 얼룩진 뿌리에서 소꿉놀이를 하고 있는 유년으로 돌아간 듯 맘이 설레어 "감사해요." 하면서 얼굴을 살짝 붉혔습니다.

"이 나무들 이름표를 다니까 좀 으스대는 것 같지 않나요?"

실없이 한마디들 던져봅니다. 김선생님은 싱긋 웃음 웃으시며 아이들이 나무인지 풀인지도 모르고 자라고 있어서 슬프다고 하시며 작은 한숨을 쉬십니다.

당신의 아이들은 일부러 수목원이며 들이며 여러 이벤트 장소를 자주가게 한다니 나무사랑의 마음을 조금이나마 알 수 있는 것 같습니다.

"내년에는 이 패찰들 다 떼어낸 다음 나무이름 알아맞히기 대회를 한 번 열어 봅시다."

참 좋은 생각인 것 같습니다. 이 학교 아이들만이라도 나무의 이름을 불러준다면 자연이 참 고마워하지 않을까 싶어집니다.

교실로 돌아와 밖을 내다보았습니다.

초록빛 생기는 바로 내 사춘기시절의
풍족함이고 그 울창함……

건강이 그리 좋지 않으신 영어선생님은 일정한 시간이 되면 마로니에와 벽오동이 있는 학교 뒤 정원을 삼림욕하시듯 산책을 하십니다.

조금 후에 나도 그곳에 가서 거닐어 봅니다. 도심 속인데도 어찌 알고 참새들이 와서 지저귀는지… 산소 몇 줄기가 내 앞으로 솔솔 소리 내며 지나갑니다.

나무는 나이 들어 갈수록 할아버지모습처럼 중후해지고 한마디 한마디가 가르침이 되는 어른들처럼 나이 들어가는 내게 자그마한 교훈들을 안겨줍니다.

느티나무는 비록 전기톱에 잘려나갔어도 내 기억 저편에 오롯이 남아서 회상하며 애달파하는 여유를 남겨 주었고 나무 나무하는 엄마 모습을 보며 아이들도 "이 나무이름 뭐예요." 하고 물어 줍니다.

교장실 창문 앞에 석류꽃이 오렌지 빛을 내며 피었습니다.

뒷짐 지고 만족한 미소 띠며 바라보시는 선생님의 뒷모습이 참 보기 좋습니다.

내 노년은 쉬이 빛이 바래져가겠지만 철철이 제 모습 그대로 그 색깔 그대로 꽃을 피우고 열매를 맺는 그네들은 여전해서 내 나이 듦을 못 느끼게 해줄지도 모르겠습니다.

훗날 나무를 바라보는 내 모습을 보고 누군가가 아름답다고 말해 주길 기대하면서 내 나무사랑의 넓이에 깊이까지 더해지기를 소망해 봅니다.

숨어 우는 바람

10월이 다가 오면서 사람들이 조금씩 조바심을 내기 시작했습니다.

'지난 9개월 동안 나는 뭘했지?'

이런 물음을 스스로에게 물어보니 그냥 막막한 기분이 스치는 것입니다.

10월이 계절 중에 가장 좋은 날들이 많다고 느끼며 살아왔습니다. 낮엔 따사로움을 주는 햇빛이 있고 저녁엔 겨울을 예감하게 하는 쌀쌀한 바람이 있으니까요.

그림처럼 예쁘게 나뭇잎들은 빛바래 가고, 눈 떼지 않고 보고 있으면 안간힘을 쓰다 부는 바람에 몸을 맡겨버리는 나뭇잎들도 있습니다.

'10월이 익어갈 무렵이면 어디 어디 미술관 옆으로 오세요. 차는 멀찌감치 주차해 두시고 걸어서 오세요.'

'여의도에는 벌써 낙엽이 뒹군다면서요.'

'10월 중순경이면 거기 낙엽이 장관을 이룬답니다.'

'고향에 가서 갈대사진 찍어 올게요.'

'가을비가 추적추적 내리면 고즈넉한 그곳 산사에 오세요. 거기서 듣는 풍경소리가 가을의 중간에 서 있음을 알게 해 줄 거예요.'

가을을 느끼는 가을사람들의 이야기들이 참 싸하게 느껴집니다.

며칠 전 감기약을 먹어가면서도 화왕산을 등반했습니다. 분명히 지쳐서 힘들어 할 것이지만 그래도 힘이 드는 건 감기약 기운 때문이라고 스스로 위로하며 무작정 올라갈 생각이었지요.

한걸음도 더 이상 뗄 수 없을 만큼 힘들 때, 올라온 만큼의 아래를 내려다보았습니다. 내가 이만큼 올라왔단 말이야? 내 특유의 긍정적인 힘이 작용합니다.

그 험한 산길 옆에 오로지 하얗기만 한 꽃잎을 자랑하면서 들국화들이 무수리처럼 고개 숙이며 나열해 있습니다.

'당신이 오실 줄 알고 있었어요.'라고 말하는 듯한 하얀 들국화, 그네들은 먼지도 쌓이지 않고 상하지도 않고 금방 세수한 듯한 청초한 얼굴로 그야말로 산골아이처럼 초연히 있었습니다.

오랜 시간을 들국화들과 얘기 나누듯 걸었더니 화왕산 산성이 나타납니다. 산성입구에서 바라본 억새풀들의 행렬, 조금 이른 산행이라 절정을 이루는 시기가 아니었지만 그래도 플래시를 터트리느라 모두들 난리가 났습니다.

누군가의 배낭에서 보온병이 나오고 갈색커피가 따뜻하게 권해집니다.

"와~ 멋져요."

누군가가 누웠음직한 자리가 있어 슬쩍 누워서 하늘을 봅니다. 억새사이로 바람이 지나갑니다.

누가 시작했는지 '갈대밭이 보이는 언덕. 통나무집 창가에 길 떠난 소녀같이 하얗게 밤을 새우네' 하고 노래가 시작됩니다.

희한하게도 아줌마들은 배우지 않았어도 소프라노음을 참 잘 냅니다.

'잊는다 하고 무슨 이유로 눈물이 날까요' 하는 부분에 누군가 캑하고 걸리는 소리가 났는데도 아무도 대꾸 않고 그들만의 감정에 사로잡혀 눈을 감고 잔잔히 계속되었습니다.

누군가 눈자위가 빨개져서 껌벅거립니다.

에구~ 모두 나이만 먹었나봐. 맘은 낭랑 십팔 세도 아니고 그냥 팔세다 팔세.

- 그래요 아마 가을이기 때문인가 봅니다.

- 몰래 지나가는 바람 때문인가 봅니다.

내려올 땐 좀 더 완만한 곳을 찾아냈습니다. 10살도 더 많은 형님뻘 되는 분과 이런 저런 세상살이 이야기를 나눕니다.

나도 그렇게 될까요. 어린 사람의 이야기에 귀 기울여주고 고개 끄덕거려주고 안쓰러워하는 눈빛으로 바라봐 주는 모습. 아무 말 않고 조용히 손잡아 줄 수 있는 여유를 가지는 것.

가을처럼 쓸쓸해서 가슴 저린 일들만 있는 것 같지만 또 가을처럼 로맨틱해서 애틋하게 아련한 눈빛 만들어주기도 하는 우리네의 삶이 힘겹지만 아름답다는 것을 오늘 하얀 들국화 가득한 가을 산에서 숨어 우는 바람소리를 들으며 다시 한 번 느껴봅니다.

엄마와 딸에게, 그리고 나에게

#1

엄마!

또다시 복사꽃이 산기슭마다 피었네요.

봄이면 어디서라도 봄맞이 기분을 한껏 올려주듯 분홍빛 향기가 바람에 실려 옵니다.

이렇게 향기 하나에도 행복한 기분 드는데, 행복이란 것이 어떤 것인지 가난이란 것이 무엇인지 화목이 무엇인지 전혀 모르던 정말 세상모르는 시골 소녀였을 때는 그저 엄마라는 존재만 바라보며 자란 것 같습니다.

나처럼 이제 중년을 시작하는 사람들이 이야기하는 것을 들어보면 엄마라는 존재는 그저 '엄마'였을 뿐이었다고 한 목소리를 낸답니다.

나이 들어 사춘기 때 바라봤던 엄마의 나이가 되니 무언가를 깨닫게 되었단 말이겠죠.

그저 일어나면 일하고 또 앓으며 잠드는 것이, 100포기 200포기 예사로 김장을 담그는 것이, 1년에 열댓 번씩 제사를 지내는 것이 당연하게 엄마나이에 치러야 되는 일인 줄 알고 자랐습니다. 그래서 나도 일이 많을 땐 엄마 닮았구나 생각하기도 하지만 엄마처럼 그렇게 호되게 일을 할 수는 없다고 배짱을 부리고 싶답니다.

가끔 집안행사 때문에 엄마가 미용실가서 '고데'를 해오시면 다른 사람처럼 느껴 질만큼 멋 내는 것과는 아주 먼 사람이었음을 잘 알아요. 그래서 나도 멋 내는 건 초보인가 하고 엄마 탓으로 돌리기도 하네요.

참는 것이 병이 된다는 걸 이제야 깨달았는데 엄마는 늘 참기만 했다는 걸 느낍니다.

인내라는 그 어려운 말이 우리네 여성들을 참 많이도 억눌렀고 침체시켰어요. 분명 엄마도 지금 이 시대를 사신다면 멋진 사회인으로 살아가실 분인데 말이죠.

참, 엄마의 다른 모습 하나가 기억나요.

내가 중학교 3학년 때인데 학교 담임께서 면담요청을 하셔서 학교에 가신 일이 있답니다.

다녀오시더니 다짜고짜 화를 내시는 거예요 이유인즉, 그 학교재단에 소속된 고등학교 진학을 권유하기 위해 석차 30명의 학부모를 불렀는데 내가 그때 27등이더라는 거였죠. 부끄럽고 자존심이 상했다는 말이었답니다.

자식 일이었기 때문에 욕심을 부리고 싶으셨구나 하고 애잔하게 그 기억을 생생하게 가지고 있답니다.

아이 낳아보면 그 심정을 안다고 하는데 기저귀 갈아주고 젖 먹이던 때도 그 심정을 몰랐던 것 같아요. 매일이 피곤했었던 기억만 많이 나는 걸 보면 말이죠.

지금 내 사춘기시절을 겪어내고 있는 경아를 보면서 이제야 그 심정을 조금 헤아린답니다.

먹고 사는 게 바빠서 내가 어떻게 컸는지도 잘 모르겠다고 하셨죠. 그래도 철없이 자라지는 않았는지 엄마고생에 눈물겨워한 적 있는 걸 보면 행동의 교육으로 나를 잘 키우셨다고 감히 말씀드리고 싶어요.

엄마, 올해 칠순이 되셨네요.

염려했던 것보다 정정하게 있어 주셔서 감사해요.

색동옷입고 엄마 옆에 앉아 바느질하고 싶다고 말하던 신사임당은 친정어머니를 무지 많이 챙기던데 저는 그러지 못해서 미안해요.

나 언제 가서 엄마 옆에 앉아 이런 저런 여자끼리의 이야기 한 번 하고 싶어요. 아니면 둘이 작은 여행 한 번 떠날까요?

#2

경아야,

지난가을 학교 백일장에 나가서 「가을이 특별한 이유」라는 제목으로 쓴 수필을 오늘 또 읽어 보았어.

엄마의 옛날이야기며 옛 앨범 꺼내기며, 가을이면 센티해지는 것들을 보면서 나도 추억 쌓기를 잘 해야겠다는 결론을 낸, 앞 뒤 맞는 그 글을 보며 다시 한 번 가슴이 벅차오르는 걸 느꼈단다.

가끔 내가 네게 묻곤 하잖아. 엄마가 어때 보이느냐고.

"뭐가 어때요 엄마로 보이지요."

시큰둥하게 대답할 수밖에 없는 질문을 한 건 내가 네 나이 때 네 외할머니를 보았을 때의 느낌과 비슷한가를 알고 싶었기 때문이야.

40세 넘은 그냥 아줌마, 아버지의 아내, 그리고 자식 위해서 열심히 일하는 엄마로만 느끼던 마음 말이야.

엄마가 이제 40세가 넘어보니 조금 알겠다.

배려해야하는 넓이가 더 커진 것 말고는 거의 너와 같은 생각을 하고 있다는 것을 말이야. 엄마라서 아내라서 며느리라서 해야 하는 사고방식이 달라졌을 뿐 어쩌면 더 절실하게 네 나이로 돌아가고 싶은 건지도 모른다.

어느 저녁에 동생이랑 안방에 와서는 내 첫사랑의 기억을 묻더니 영화를 보고 온 어느 날은 첫 키스의 기억을 묻고 가정시간에 동영상을 보고 온 어느 날은 출산의 고통에 대해서 진지하게 묻는 널 보며 내심 당황스러우면서도 점점 너와의 대화에 익숙해져가는 나를 느꼈단다. 예전에 나 어릴 땐 왜 그렇게 하지 못 했나 싶은 생각이 들었어. 아니 어떻게 해야 하는지도 몰랐을 거야.

사춘기를 혼자 삭이며 견뎌내었던 내겐 너의 당돌함은 내 삶의 여정에서 신선한 충격이야.

왜 그 첫사랑과 결혼하지 않았냐고 물었을 때 첫사랑은 첫사랑으로 끝나야 한다는 구태의연한 대답 말고 좀 더 멋진 대답을 해줄 걸 그랬어.

아빠가 밉다고 투정한 번 부려보면 예상외로 넌 내게 더 긍정적으로 아빠를 이해하라고 어른처럼 말을 해주었었는데 말이야.

경아야, 엄마 고향에만 유독 예쁘게 핀다고 자랑한 복사꽃이 피었단다.

네가 어릴 때 외가에 데리고 가서 할아버지 자전거에 태우고 들길을 달린 기억나니? 옆 마을 저수지에 연꽃이 피었었고 살랑거리며 다니는 물뱀을 보고 잡아달라고 했었지.

요건 냉이, 요건 쑥. 참 열심히도 네게 가르쳐 주려고 했었어. 네가 태어나고 복사꽃이 피고지기를 열 번도 더 넘어 스무 번도 머지않을 만큼의 시간에 엄마 곁에 더 큰 키로 자라 서 있구나.

다른 엄마들은 이렇게 해주는데 왜 엄마는 못 해주냐는 말 한 번 안하는 너를 보면 어릴 적 외할머니가 내가 너무 어수룩하여 떼 한번 안 써서, 딸 키우는 재미가 하나 없다고 한 말과 통하는 것 같아 외할머니와 내가 안쓰러움으로 같은 마음이 된다.

한 세대가 가야 또 한 세대는 오는 것 일생에 똑같은 날은 단 하루도 없을 텐데 우리의 인생은 반복만 되는 것같이도 느껴진다. 그러면서 그 속에서 행복과 화목함을 꿈꾸면서 조금씩 성취해 나가는 것이 맞는 것이겠지.

경아야, 엄마는 외할머니처럼 살아왔지만 경아처럼 살아가려고 한다. 경아처럼 살아보려 하지만 돌아보면 난 외할머니처럼 살고 있다. 복사꽃은 변함없지만 그 꽃도 그 전의 꽃과는 다를 것이 분명해.

그것처럼 우리들의 세대는 시간으로만 이어질 것 같지만 알게 모르게 더 아름다운 성숙함으로 점점 변해갈 것이라 믿어.

예쁘고 멋지게 성숙해가야 한다, 경아야.

추억 스케치

봄

"향이야 쑥 캐러 가자~"

태야는 하늘색 나일론 주름치마를 입고 양철대문 앞에 서 있었다. 엄마는 너희가 캐면 얼마나 캘 수 있겠냐고 말리셨고 지난봄에 샀던 태야와 같은 주황색 치마는 아직 일러서 못 입는다고 하셨다.

태야랑 감나무 밑에서 공기놀이를 하는 척하다가 후다닥 소쿠리 챙겨 도망 나온다. 착한 태야랑 움직였으니 나중에라도 엄마는 덜 꾸중 하실 것이다.

민들레 노란 꽃들은 아직 안 보이고 이파리만 납작하게 엎디어 있다. 쑥 냄새가 난다. 저쪽 논두렁에서 동네언니들이 소쿠리 가득 캔 쑥을 보여 주었다.

부럽다. 그리고 현기증이 난다. 동네 어귀에 가물가물 아지랑이가 피어올랐다. 산중턱으로 가서 복숭아나무 배나무 사이를 다니며 냉이를 캤다.

'꽃 피면 디게 이쁘대이….' 아직 봉오리 맺힌 나무를 보며 태야가 말했다.

태야는 과수원집 아이라 여러 가지를 잘 아는 듯했다.

바람이 불어 와서 태야랑 내 치마를 훌렁 흔들고 지나간다. 하늘색이랑 주황색이 겹쳐 묘한 혼합 색을 만들었다가 사라졌다.

둘이는 까르륵 움켜쥐며 별것 아닌 것에 그렇게 숨 넘어가듯 웃어대었다. 복사꽃 봉오리가 놀라 살짝 벌어지는 것처럼 보였다.

여름

비가 내린다.

대청마루에 턱 괴고 엎드려 받아쓰기 틀린 것 열 번 써오기 숙제를 한다. 엄마는 가마솥뚜껑 크르릉 여는 소리를 내며 옥수수 찐 것을 마루 끝에 올려놓으셨다.

마당에 미꾸라지 서너 마리가 파닥 파닥이며 하늘에서 떨어졌다. 황토색 흙물이 마당에서 냇물처럼 흐른다.

비 그치고 담 너머로 가지 뻗어 넘어 온 옆집 감나무 이파리가 에나멜을 칠한 듯 햇빛에 반짝거렸다.

그 저녁이 되면 논개구리가 마음껏 합창을 했다. 어느 땐 미친 듯 개골거렸다. 개구리소리에 논에서 벼가 익어가고 있었다.

해질 무렵 엄마랑 시냇가에 간다.

납작한 돌을 살짝 들면 까맣게 다슬기가 옹기종기 모여 있다. 흥분한 작은 손으로 후드득 집어 노란 주전자에 담았다.

저녁나절이면 동네 엄마랑 딸들이랑 모두 약속이나 한 듯 시냇가로 모여 들었다. 엄마들의 구수한 옛날이야기들이 조각이불처럼 잔잔히 남아 있다.

학교운동장에 내가 심은 감나무가 싹을 틔웠다. 나는 의기양양한 얼굴로 양동이에 물을 담아 와 부으며 주위를 둘러본다.

학교사택 대문 옆에 해바라기가 일렬로 서서 나를 구경하고 있다. 가끔 콩새가 떼로 날아와 해바라기 씨를 콩 콩 빼먹고 달아나고 있었다.

가을

코스모스 꽃을 한 칸 너머씩 떼어내서 떨어트렸더니 예쁘게 뱅그르르 바람개비처럼 돌아 떨어졌다. 길가에 일렬로 늘어선 꽃들은 가늘고 여리게 흔들 흔들거리며 모두 팔짱을 끼고 노래를 부르고 있었다.

작년에 떨어진 씨들이 많았는지 올해는 더 많이 흐드러지게 피어났다.

황금빛 들판 노란 도화지 위에 내가 걸어가고 있다. 머리엔 소쿠리 이고 오른손엔 찌그러진 노란 주전자를 들었다.

화가 밀레가 보았다면 그림을 그려 주었을까. 꼬불꼬불 논두렁을 조심스레 눈 내리깔고 걸었다.

새참거리를 들고 들에 나가면 노란 가을을 제대로 만나곤 했다. 작은오빠는 개울 저 위에서 다리를 파닥거리며 물고기 몰이를 해 왔다.

한쪽 트인 소쿠리를 물길에 대고 있다가 결정적일 때 번쩍

들어 올렸더니 누런색 배를 가진 미꾸라지와 반짝이는 비늘을 가진 송어가 잡혀 들었다. 요리 잘하는 아버지는 요놈들을 맛있게 해서 오늘 저녁상에 올리실 것이다.

벼이삭을 줍는다.

가을햇살은 내 눈동자와 만나 반짝거렸고 내 팔뚝은 흑인의 그것처럼 반들반들 까맣게 빛을 내고 있었다.

이삭을 줍다가 가끔 논두렁 모서리에 똬리를 튼 뱀을 본다. 후다닥 도망친 날 밤 꿈에 그 뱀이 나타났다.

겨울

밤이 깊어 가는데 아버지는 장독대에 가서 동치미 국물을 떠오라고 하셨다. 살얼음이 제대로 낀 걸 톡 톡 깨서 한 사발 들고 오는데 남극에라도 다녀온 듯 사시나무 떨리듯 몸이 떨렸다.

가끔 부엉이 소리가 슬프게 들리고 스스스~ 동네어귀 오래된 느티나무가 바람에 쓸리며 낙엽 한 아름씩 기와지붕 위로 쏟아 부었다.

밤새 소복소복 하얀 눈 내린 아침 윗동네 아랫동네 눈싸움이 벌어졌다. 백색나라 언덕에서의 전쟁은 살벌했지만 눈동자는 뜨겁게 반짝였고 볼과 귀는 발갛게 트고 있었다.

구멍이 송송 나는 줄도 모르고 난로 앞에서 젖은 발을 들이대고 있으면 메케하게 나일론 타는 냄새가 신기했다.

엄마는 장미505 털실을 가지고 뜨개질을 하고 있다.

얼마나 길어졌나 엄마가 바늘을 바꿀 때마다 재어 보고 재어 보다 꾸벅꾸벅 졸다 잠이 든다. 꿈속에서 나는 장밋빛 스웨터를 입고 거울 앞에서 여시 짓을 하고 있다.

4B연필로 스케치를 한 것 같은 그리운 날들이 액자 속 그림처럼 전시되어 있다.

가끔 도난도 당하고 훼손되기도 하지만 전시장에는 내가 초청하고 싶은 그리운 이들이 마음껏 오고 간다.

그들은 우아하게 내게 꽃다발을 건네며 와서는 잊어버렸던 그림을 찾아 주기도 하고 상한 곳을 고쳐 주기도 한다.

그런 그림 같은 날들이 많이많이 그리운 나이가 되었다.

그녀와의 편지

합창단 지휘자님이 '떨어지는 은행잎 손으로 받으면 백 원씩'이라는 이벤트가 재밌어 호들갑 떨며 나무 아래를 쫓아다니던 가을날의 짧은 여행, 비 오는 날에 바지 밑단 젖을까봐 노심초사하며 허둥대던 젠틀맨을 보며 둘이 동시에 눈을 찡긋거리던 일, 양로원 가던 길에 이정표를 지나쳐서 허둥대며 뒷걸음치던 그대의 당황하던 모습.

새벽에 일어나 동이 틀 때까지 고된 노동을 하면서 우리들의 작은 에피소드를 떠올리며 웃음 짓고 있습니다.

'안녕~ 오늘도 너를 미워하지 않기를 바라.'

해님께 인사합니다. 해가 뜨면 비닐하우스는 찜질방이 되어버리니까요.

비닐하우스 바다는 장관을 이룹니다. 우리는 바다 속을 찾아든 해녀처럼 그렇게 노란 참외를 따내고 있습니다. 진한 초록 잎사귀사이로 노랗게 얼굴 내밀고 '저요 저요' 하는 침묵의 아우성을 듣죠.

새벽 여느 때와 마찬가지로 강 너머에서 야호소리가 들려옵니다. 어제처럼 나는 속으로 야호를 따라합니다.

옆 하우스에 심술궂은 님은 팔자 좋은 사람 또 왔네 하고 투덜거리기도 하고 시간 참 잘 맞춘다고 누군가는 경이로운 감탄도 합니다.

그대라면 아마 그가 고행을 하고 있거나 투병을 하는 사람이 아닐까 하는 소설을 구상할 만하다고 생각했는데 맞나요?

10년이 다되어 가네요. 우리가 알아 온 시간….

어느 해 서투른 몸짓으로 가위를 달라고 하면서 하우스에 들어와서는 온갖 포즈 다 취해가며 참외와 씨름하는 걸 보고 도시여자가 이걸 할 수 있을까 걱정했는데 시골출신답게 그나마 한 몫을 해내는 것을 보고 참 즐거웠던 기억이 납니다.

국화꽃 져버린 가을뜨락에
같이 소프라노로 부르며......

작년 늦은 가을날에 둘이서 드라이브를 갔었죠.

와르르 차바퀴바람에 휩쓸리던 은행잎들과 온갖 빛깔의 단풍잎을 보며 감탄사를 연신 내뱉던 그날이 너무 좋았습니다.

가을은 남자의 계절이 아니라 아줌마의 계절이었고 우리 둘의 계절이었다고 생각했어요.

국화꽃 져버린 가을 뜨락에… 같이 소프라노로 부르며 걷던 날이 또 오기를 바라요.

별일 없으면 내년에도 또 참외농사를 짓겠죠.

따스한 햇볕을 받아 금빛 찬란히 자라 내 인생을 반짝이게 해 줄 노란 보물들을 만나러 또 오실 거죠?

- 성주에서 -

오늘도 산속 바다에서 보물을 캐내었나요. 햇살이 무척이나 따가웠는데….

군대 간 아들은 이메일로 사랑고백을 아직 하지 않았나요. 아들이야기를 하며 연애하는 여인처럼 눈빛 반짝이던 모습이 생각납니다.

왠지 모르게 닮았다고 느끼며 지내온 시간들이 많이도 흘렀어요. 농사이야기를 얼마나 재밌게 글로 써 놓았는지 반해서 제가 만나자고 말했었죠.

처음 만났을 때보다 많이 우리의 주변들이 달라진 것 같습니다. 지금은 괜찮은 것 같다고 우린 말했죠.

멋모르고 효자이기만 하면 된다고 밀어붙이듯 살아온 맏이들을 만나 힘겨워했지만 이젠 그들도 변하고 있다고 믿고 있으니까요. 제대로 어리광 한 번 부리지 못하고 젊은 시절이 갔어요. 그들은 그렇게 어른들에게 배웠고 우리를 제대로 받아 줄 줄 몰랐던 것 같습니다.

착한 며느리라는 별명을 훼손시키지 않으려고 노력했던 날들. 딸처럼 잘 하리라 먹었던 마음들이 어느 날 그게 도대체 무엇일까 하고 회의에 빠진 나 자신이 안타까웠으면서도 내 상처 어루만지기에 바빠 알게 모르게 단단해지기만 하는 심장이 두렵다는 이야기를 나누었습니다.

남아선호사상과 세대 차이에서 오는 불협화음들이 한 세대를 건너오려니 별 것 아니었는데 세상시름 다 끌어안고 허우적거렸던 날이 이젠 저 등 뒤에 있어서 참 다행입니다.

도시에서 시집올 때 밥만 하면 된다는 약속은 허무하게 잊혀 졌지만 일할 줄 모르는 사람으로 취급받을 때보단 별것 아니었겠지요. 시간이 해결해 주는 일들은 많고도 많잖아요.

이젠 많이 나아진 것처럼 보여요.

이젠 서투름을 넘어서서 농사일을 좀 아는 모습이 보이거든요. 어느 날 촌부가 되어 있는 스스로를 본다고도 했지요.

걸쭉한 농담에 박장대소도 하고 너스레도 떨기도 하죠.

시골노인들이 어떤 마음인지도 알고 농사의 때와 시간을 알죠. 고달파 떠난 여인들의 마음도 알고, 남아있는 시골여인들의 애환도 알죠. 인생은 겪어보지 못한 일들까지 깨닫게 해주는 묘미가 있지 않나요?

약간은 오만한 듯 너희가 시골을 아느냐 하고 말할 수 있는 여유도 가졌잖아요. 그래서 그대를 보며 인생은 아름답다고 생각했습니다.

지난 가을 그대의 합창발표회 때 부른 '잊혀진 계절'이 좋았습니다. 또르르 흐르는 피아노 전주가 좋고 이룰 수 없는 꿈은 슬프다는 가사도 좋고 그 음악을 듣고 가슴 아려 눈물짓는 내가 좋았습니다.

별것 있나요? 그대는 노래를 부르고 나는 감동 받았는 걸요.

그래서 10년 지기 그대의 삶에 같이 있어서 너무 좋습니다.

도시에서 시골로 가서 성공한 그대를 칭찬해 주고 싶습니다.

나도 언젠가 칭찬 들을 수 있기를 기대할게요.

그리고 내년엔 하우스에 가서 더 잘 해 볼게요.

칭찬 들으면 더 열심히 일하는 거 알죠?

- 대구에서 -

인터넷 동호인으로 만나 친구가 된 지 15년이 넘은 친구입니다.

그녀가 참외 키우는 농부의 일상을 글 쓰는 동호회에 올린 걸 보고 제가 친구하자고 해서 대구에서 성주로 만나러 갔어요.

저나 나나 모두 맏며느리고 그녀는 도시에서 시골로, 나는 시골에서 도시로 시집가서 어찌 그리 공감하는 이야기들이 많고 많은지. 만나서 이야기 나누다 보면 해가 지고 있어 놀라서 집으로 달려가곤 했어요.

그녀의 생각을 대화를 통해 많이 알아내었고 그것을 그녀가 쓴 편지처럼 만들고 답장하는 식의 글을 만들어 보았습니다. 온라인 만남에서 오프라인의 만남의 좋은 예라고 자부하면서….

첫사랑

아홉 살 되던 가을에 홍역을 했다.

친구들이 힐끗거리며 지나쳐 갔다. 왕따라는 말의 존재를 몰랐었기에 망정이지 버려진 듯한 내 모습이 정말 초라하게 여겨졌다. 그 아이도 저만치서 나를 지켜보고 있는 듯했다.

선생님께서 격리수용을 시키셨다. 싸아한 바람 부는 길을 걸어 쓸쓸하게 귀가를 했다.

방 한구석에 무릎을 모아 쥐고 앉아 엄마가 만들고 계시는 찐빵만 하염없이 노려보고 있었다. 쓸쓸함이 어떤 색깔인지는 모르지만 갈색빛을 띠고 내 옆에 있었던 것 같다. 그리고 울컥 내 소심한 성격은 눈시울을 적셨다.

멀리서 지켜보던 그 아이가 내 얼굴을 보고 정이 떨어진 것이 아닐까 걱정이 되었다. 찐빵에 김이 솔솔 나며 맛있게 익었는데 난 먹어지지가 않았다.

4학년 때 담임선생님께서 돌아가셨다. 작은 손가락을 펴서 풍금건반 위에 올려놓고 1도 화음, 2도 화음을 넣는 방법을 가르쳐 주셨던, 눈물 나도록 내 속 정서를 끄집어 내어주신 선생님은 언제부턴가 얼굴이 까맣게 되시더니 무서운 병으로 돌아가신 것이다. 그 아이는 반장자격으로 선생님 영정을 들고 장례식에 다녀왔다고 했다. 자의는 아니었겠지만 그 아이가 진심으로 고맙고 착하고 사랑스럽게 느껴졌다.

중학생이 되기 전에 그 아이는 도시로 전학을 갔다. 가끔 방학 때마다 다녀갔다고도 하고 우연히 멀리서 만나지기도 했다. 이상하게도 중학 시절은 그 아이는 내 뒤에 쳐져있는 병풍처럼 그렇게 존재했다.

여고 시절 예술제에 문집을 냈는데 그 아이가 학교에 왔다. 얼룩무늬 교련복을 입고 보무도 당당히 그리고 날렵하게 와서 친절하게 웃어주었다. 그리고 한마디도 말을 하지 않은 채 한 시간 정도를 걸어서 집 앞까지 갔다. 고백 한 번 하지 못한 마음이 조그맣게 끓어서 눈으로 넘쳤다. 이유를 알면서도 그 아이는 내게 왜 우느냐고 물어 주었다.

탱자나무에서 향기가 나던 날, 보리밭에서 보리가 익어 가던 날, 보리밭을 망가뜨리며 술래잡기도 하고 어설프게 배운 외국 민요를 부르면서 엇갈린 팔짱을 끼고 돌면서 춤추던 어린 날들 속에 그 아이는 항상 있었다. 사춘기를 바람처럼 스쳐가던 날, 서정적인 마음이 들 때마다 작게 스쳐가던 설렘으로 잠 못 이루던 날, 다른 도시로 가거나 새로운 사람들과의 만남으로 새로운 것들과 마주치던 날, 그런 날에도 그 아이는 항상 있었다.

불쑥 환영처럼 내 기억 속에서 그 소년이, 그 사춘기 시절 청년이 돌아다닌다. 이루지 못한 사랑이라는 오래된 이야기 말고 그때만큼은 순수할 수 없는, 냄새나도록 찌든 지금의 내 마음에게 가르쳐 깨닫게 하는 내 가장 아름다웠던 순수의 시절이 있었음을 이야기 하고 싶었다.

누구든 가지고 있을 첫사랑의 이야기지만 내게만은 가슴 아리도록 슬픔과 미소가 묻어 있는 이야기이다.

그 아이는 나룻배가 강을 건널 때 잡고 건너는 밧줄처럼 내 유년과 사춘기를 이어 주었다. 사춘기와 청년기를 지날 때도 그 아이가 사람을 보는 기준이 되었고 그 아이만큼 순수한 사람에게 눈을 뜨게 해주었다.

내 삶에 직접 개입한 적이 전혀 없는데 배경화면처럼 깔려 있었다고 믿는 그 아이를 만나고 싶거나 남은 생애에 조각처럼 끼워 넣고 싶지는 않다. 그냥 쪼들린 마음으로 현실만 급급하게 바라보지만 않고 슬프고 애잔했지만 풍성한 감성을 만드는 존재로 있어준 것에 만족하고 싶다.

첫사랑은 이 가을 코스모스처럼 여리고 저녁에 우는 귀뚜라미소리처럼 애잔하고 황금들녘처럼 풍성하다.

어딘가에 있을 그 아이는 지금 열심히 중년을 만끽하며 절도 있게 자기의 삶을 잘 만들어 가고 있을 것이다.

말 한마디 하지 못하고 겁 많던 그 아이의 짝사랑은 이렇게 강인하지는 못해도 두 아이의 엄마노릇을 해내며 첫사랑을 추억하는 작은 여유를 가진 여인이 되었다.

향기로 오는 5월

오랜만에 별빛이 쏟아져 내리는 저녁을 맞았습니다.

높은 산에 오르면 귀가 먹먹해지는 것처럼 근처 네거리 신호등표시에 따라 행진하는 차들의 굉음이 한순간 다가왔다 사라졌습니다. 사라진 것은 귀에 들리는 현상이 아니라 그 소리를 내 마음대로 저 멀리 보내버렸기 때문입니다.

꽃잔디 진분홍꽃에서 향수냄새가 납니다. 억지스럽게도 나는 향수를 먼저 알고 있는 여인네가 되어 버려서 그 근원인 꽃에게 향수를 닮았다는 생각을 하고 있습니다.

언제인가 맡아본 향기입니다. 무슨 향기였지? 엄마가 가뭄에 콩 나듯 바르시던 분냄새였나? 초등학교 때 하숙하던 선생님댁에서 맡은 화장품냄새? 어쩌면 어릴 때 꽃인지 열매인지도 모르고 좋아했던 그 보랏빛 향기일지도 모르겠습니다.

가슴 한가득 향기한 줄기에 감동이 솟아오르는 저녁입니다.

감성이 넘쳐난다고 하는 시대, 감성이 너무 메말랐다고 하는 시대 세대가 바뀌는 중간에 다들 서 있어 보겠지만 유독 우리 세대는 그런 끼인 세대의 갈등이 심합니다.

글들도 넘쳐흘러서 무엇이 좋은 글인지 판단이 흐려지고 글을 너무 읽지 않아서 가치관을 어떻게 정립해 나가야 하는지 헤매는 세대도 있는, 그 속에서 양다리를 걸치고 푼수처럼 지내거나, 요즘 세대들이 사용하는 쿨하거나 샤프하게 살아가야 한다고들 믿기도 합니다.

지금 이 감정이 인위적인 것이 아닐까 하고 내게 묻는 것조차 가증스러울 수밖에 없는 시간들입니다. 일부러라도 만드는 감정이 아니라 아직도 내게 이런 느낌이 있다는 욕심이 그렇게 나쁘지만은 않다고 누가 말해주기를 바라는 마음입니다.

점점 산야가 연둣빛에서 초록으로 변해갑니다. 목련나무가 목련나무였을까 싶을 만큼 상아빛을 감추고 모른 척 초록 잎이 무성한 걸 보면 봄이 무르익어 가는 것이지요.

비온 뒤 깨끗해진 공간으로 별빛이 내리비춥니다.

놀이터 앞 가로등 밑에 앉아 별빛을 받는 풀잎이 되고 싶다는 생각을 합니다. 내 자신이 스스로 너무 커서 작아지지 않아 안간힘을 쓰지만 가로등 옆 소나무처럼 뻗대고 서 있는 나를 내 힘으로 어찌할 수가 없습니다.

분명 민들레 홀씨 하나에도 시인들은 자유라는 이름을 달아 주기도 하고 작은 겨자씨 하나에도 산을 옮길 만한 믿음의 의지를 심어 주었음을 알면서 이미 겸손하지 못한 나는 제멋에 서서 부끄러움에 고개마저 숙이지 못하고 있습니다.

내 실수들로 인해 상처 입은 이들과 추억 속에 내가 등장할 때 혹 얼굴 찌푸리는 사람이 있다면 소심한 마음으로 용서를 바라고 싶습니다.

그나마 열심히 살았다고 큰소리 치고 싶은데 돌아보면 지독하게 엉터리였던 삶의 조각들이 퍼즐처럼 끼워 맞춰도 아귀가 맞지 않으니 참 힘이 빠질 노릇입니다.

아파트 건너편 용(龍)이 누워있다는 와룡산(臥龍山), 그 용이 온몸으로 아카시아 향기를 품어 내고 있습니다. 어느 향수회사가 이런 명품을 만들 수 있을까요.

처음 내 마음속에 아카시아나무를 심었을 때가 생각납니다. 꽃잎으로 투명한 병에 담은 상아빛 술 빛깔을 보여 주시던 국어선생님을 짝사랑하면서부터 항상 내 마음에서 자라나고 있었습니다.

나무가 자라듯 나도 머리가 굵어졌고 향기가 풍길 때 나도 예쁜 모습으로 자라려고 노력을 했던 것 같습니다. 그 향기는 이제껏 문학이 되었고 노랫말이 되었고 인생길 추억 속에 흘러들어 있습니다.

아무 생각 없이 '냄새 좋다'라고만 했던 어린 시절이 있었고 이제는 향기 하나에 슬픔마저 찾아지는 연륜이 되었습니다. 봄 계절 속으로 오는 꽃들이 오늘밤 내내 그리움을 가져다주었습니다.

따스하게 내게 향기를 실어다준 바람에게 또 다른 봄이 왔을 때 다시 부끄러움으로 힘들어 하지 않겠다고 미소로 말을 합니다.

사랑을 느끼게 해준 별빛에게, 지금의 내 자리를 알게 한 풀잎에게 진리를 가르쳐준 꽃향기에게, 고마운 미소를 띄워 보냅니다.

어릴 적 살던 옛집엔

안방 천장 밑 모서리쯤에 나무로 만들어진 앰프가 있었습니다.

「심청전」이 드라마로 나왔는데 클라이맥스 때 얼마나 가슴 졸이며 들었던지 기억이 생생하고 엘피판의 그 특이한 음색의 옛 노래들이 많이 흘러 나왔었습니다. 굳이 배우려 들지 않아도 어찌 그리 잘 외워지는지 초등학교 저학년 때 웬만한 옛 가요는 다 알았다고 생각했을 정도입니다.

고학년이 되고 흑백텔레비전이 들어 왔습니다.

어느 날 자그마한 키를 가진 금사향이라는 특이한 이름을 가진 여성 가수가 텔레비전에 나오더군요. 라디오로만 듣던 비음 섞인 그 노래….

한복 곱게 입고 제자리에 서서 자분자분 부르던 모습이 생각나네요. 의도적으로 콧소리를 내면서 흉내내어 보았지만 그리 쉬운 일은 아니었습니다.

대학 2학년이 되는 해, 교양학부를 마치고 전공과를 정해서 진입식을 하던 날, 전체 1백여 명이 넘는 선후배 앞에서 키가 젤 크다는 이유로 2학년 여학생 대표가 되는 바람에 노래 신고식을 해야 했습니다.

2학년 남자대표는 아마 어디서 가수생활을 하다 온 사람이었나 봅니다. 트로트를 정말 제대로 불렀는데 그야말로 나훈아가 왔나 할 정도였으니까요.

그로부터 8년 후쯤 그가 제 결혼식 축가로도 불러주었던 그 '청춘의 봄'이라는 노래는 그의 등록상표가 되었습니다.

'남자대표가 트로트를 불렀으니 저도…'라는 이유를 살짝 대면서 흥얼거리며 따라 부르기만 했던 '홍콩아가씨'를 부르게 되었습니다.

그날 이후로 졸업하는 날까지 아니 그 이후에도 제 이름은 '홍콩아가씨'라 불리웁니다. 어느 소규모 모임이나 타 학과에 초대를 받거나 할 때마다 지정곡처럼 불러야만 했으니까요. 조금 오버해서 표현한다면 요즘 가수들 음반발표하면 타이틀곡만 매번 부르고 다니는 격인거지요.

그땐 그게 그리 달갑지 않았습니다. 사람들의 관념이 고상한 노래를 부르는 아이는 멋스럽고 폼 나게 높이고 그저 나는 재미와 분위기만 돋우는 아이로 전락시키는 듯 느껴졌거든요.

솔직히 트로트가 일본풍이란 이유로라도, 뽕짝이라는 싸구려 같은 이름으로 사람들에게 불리어지면서 경시당하는 분위기가 되고 그걸 부르는 사람도 같이 가볍게 보는 것이 아닐까…. 어린 맘에도 그렇게 생각했었습니다.

절묘하게 시대상을 잘 표현하면서 서민들의 애환을 고스란히 담아 설움을 달래 주기에 충분한 문화였다는 칼럼도 본 듯하지만 철없을 땐 서민적이고, 신나고, 추임새 넣기 좋고, 모두들 동참하는 분위기가 좋다는 것을 알아 잘 불러놓고는 마음고생한 적이 있었습니다.

그런 거겠죠. 사람들이 동요되어서 어떤 일을 비난한다고 같이 비난하지 않으면 따돌릴 것이라는 군중심리가 내게 작용했던 것….

졸업을 하고 20년이란 시간이 흘렀습니다.

홈 커밍데이…. 졸업한 지 10년 단위가 되는 동문들을 동창회에서 서로 만나 축하하는 만남의 자리에 초대를 받았습니다.

내 딸과 비슷한 또래의 후배들이 가슴에 꽃을 달아줍니다.

1부 행사 때 졸업 40년차 선배교수님이 '언제나 마음은 청춘'이라고 하셨는데 그 기분에 맞물려 서늘한 느낌이 들면서 격세지감과 세월유수란 말이 떠올랐습니다.

두 번째 행사시간에 동기들이 내게 예의 그 노래를 부르기를 종용합니다. 잊지도 않는군요. 그들에겐 그 당시에 내가 자그마한 이슈이긴 했나 봅니다.

"별들이 소근대는 홍콩의 밤거리…."

지금 우리들이 멋진 해외여행을 꿈꾸듯 이 노래가 나올 시대엔 홍콩여행이 대단한 꿈이었다는 이야기를 들었습니다.

노랫말 지은이는 홍콩여행을 해보았을까요? 아니면 글 쓰는 이들의 특이한 상상력이 꽃 파는 아가씨를 만들어냈을까요?

콧소리 내기 좋은 발음 홍, 콩, 홍콩이란 나라에 꼭 가보고 싶습니다. 동기 한 아이가 와서 내게 말합니다. 20년 전과는 다른 연륜이 목소리에 묻어 있다고….

세월이겠죠. 세월은 고통이나 분노를 무디게 만들었고 또 수치도 무디게 만들어 주었습니다.

부끄러워하면서 겨우 불러냈던 그 노래가 이젠 내 입에 딱 붙어서 잘 어울리는 옷을 입고 뽐내는 것 같은 느낌이 들었거든요.

노래가사를 의역하면 몇 가지라도 이야기를 만들어낼 수 있겠지만 나름대로 해석해보아도 순수한 여인의 순정이 배어 있습니다.

점잖은 분이 부르기엔 조금 튀는 것 같기는 한데 부르기는 쉽다고 감히 말하고 싶어지네요.

한 번 불러 보세요. 저는 20년도 훨씬 전에 이 노래를 알고 있었다고 자랑이라도 할까 봅니다.

글을 쓸까요?

아~ 외롭다!!!

이렇게 대놓고 말하고 나니 멈칫, 내가 이런 말을 해도 되는 시점에 있기는 하나 싶네요.

'외롭다'라는 말보다 '고독하다'라고 말하면 더 품새가 나려나 하는 유치한 생각도 들고요.

글쓰기를 좋아하는 것이 외로운 사람들이 하는 행위라는 말을 들은 적이 있는데 나는 '외로운 사람이라 글쓰기를 좋아한다!'라는 명제를 나름 만들어 놓았는데 가능한 말인지요.

평화롭게 지나는 시간과 공간 속에서 가끔 외로움이 밀려

옵니다. 좁은 골목길을 헤매다가 갑자기 큰 길과 마주쳤을 때나 창문을 열다가 휑하니 찬바람이 불어 들어올 때, 엄마랑 손잡고 걷던 꼬마아이가 삐끗하며 벗겨진 신발을 보았을 때, 서쪽으로 차를 운전하다 해질녘 석양을 만났을 때, 그럴 때마다 만난 외로움들은 시도 때도 없이 나를 혼란에 빠트리기도 한답니다.

그럴 땐 책상에 앉아 일기를 써요. 잡다한 상식들만 주르르 열거되어 있고 어디서 읽은 글을 옮겨 쓰기라도 한 것 같은 느낌이 들 때는 부끄러움에 어디 숨고 싶지만 미련은 고스란히 남아 쥐고 있던 연필을 놓지 못하죠.

찬란한 햇빛에 눈이 부신 날, 오월의 푸른 신록 아래 있었던 날, 천사 같은 아기의 해맑은 미소를 본 날이 슬펐어!라고 말하거나 사랑한다는 고백을 들었던 날, 헤어진 연인이 재회했다는 말을 들었던 날에도 괜스레 슬픈 날이 있어!!라고 누군가에게 말했을 때, 그냥 좋으면 좋은 대로 받아들이지 그게 뭐 슬픈 일이냐고 반박하면 내가 '글을 쓰고 싶어 하는 사람'이라는 이유를 대기도 했습니다.

네가 고독을 알기는 아느냐고 묻는 사람이 있었어요.

"외롭다(孤) 혼자다(獨) 그래서 외로움, 홀로 있다 보다 더

한 것이 고독(孤獨) 아닌가요."라고 말장난처럼 받아 넘겼죠.

그 사람은 어느 소설머리에 나오는 말을 인용해 주었어요.

혼자라고 다 외로운 것이 아니라 그 혼자인 상태가 온전히 지속되어서 고통스러운 것이 고독인 것이고 그 고독함이 독립적인 존재가 되어 더 깊어지고 더 넓어지고 더 높아진다구요.

어렵지만 어쨌든 나는 진정 고독해서 글을 쓰는 것을 좋아한다! 라는 말을 할 수 있었으면 좋겠어요. 하지만 혼자 있는 외로움을 온전히 견뎌내지 못했기 때문에 고독에 이르지 못했고 그 깊이가 없어서 글을 제대로 쓸 수 없다는 생각을 했어요.

사랑의 기술을 알지 못해서 사랑에 실패하듯 고독을 알지 못해 글 쓰는 것을 할 수 없다면 얼마나 가슴 아픈 일일까요.

약간 수준을 내린 결론을 낼까 해요.

'내가 글을 쓰고 싶을 때는 서정적이고 낭만적인 마음이 들 때이다' 그것이 내 역량에 맞는 것 같아요.

나는 슬퍼서 눈물이 나거나 외로움이 밀려와 마음이 허전할 때나 사랑을 잃어 버려서 서러울 때, 때론 아이처럼 때론 사춘기처럼 어설프고 유치하게 글을 씁니다.

노인이 되었다고

인생은 무엇인가? 인생은 어떤 것일까?

습관처럼 생각만하다 세월이 흘렀고 지금 여기까지 왔어.

어린 시절, 삶이 그저 무의미해 보이기만 했었던 그네들의 삶속에 이제 내가 슬그머니 끼어든 거야.

늙으면 빨리 죽어야지라고 했던 말들이 거짓말 중의 하나라는 말이 이젠 실감이 나려고 해.

과학자들이 유전자니 유전공학이니 하면서 오래 살게 하는 의약품도 개발하고 불치병도 고치고 또 계속 무언가를 창조해내는 것들이 우리 노인네들에겐 어쨌든 희소식이라는 생각이 들거든.

하지만 신은 인간을 청춘으로 두지 않고 노화하게 만들어 놓았잖아. 불로초를 아무리 가졌어도 인간은 다 늙거나 병들어 죽어 갔어.

장이 장독대에서 익어 맛이 들었다거나 오래 묵은 포도주가 더 맛의 깊이가 있다는 의미처럼 나이 든다는 것이 사람들에게 멋있게 인식이 되어 있다면 얼마나 아름다울까!

하지만 지금 나의 고민은 노화가 깊어 노쇠해져서 내 몸에 문제가 생기고 저항력이 없어져 병이 생기면 내 육신은 어떻게 될 것인가 하는 것이야.

겨울 끝자락에 노인대학 친구가 병원에 입원을 했어.

노인네들만 줄지어 누워있는 병동이었는데 정말 가관이었지.

손가락 하나 까딱하지 못하는 사람, 치매가 온 사람, 당뇨병에 걸린 사람, 중풍에 걸린 사람.

친구는 반쪽마비가 왔어. 한쪽이라도 열심히 사용하고 재활운동을 해야 그나마 덜 고생스러울 텐데 그것마저 포기하고 싶은가봐. 숟가락도 안 들려고 해.

삐죽거리며 말을 해서 못 알아들어 얼마나 속이 상한지….

살아 있다는 것이 호흡만 하는 것이 아니라 인간답게 경험과 지혜를 아랫세대에게 나누며 사는 것이라고 감히 말한다면 살아서 심한 장애를 가지고 온통 남에게 의지하고 생존기간만 연장하는 것이 과연 옳을까?

생목숨 어떻게 할 수 있는 것도 아닌데 뭐 그리 고민거리냐고, 어떻게든 살다보면 떠나는 날이 온다고 믿으면서도 요즈음의 생각 많은 세대 때문에 이런 어려운 생각을 하는 나도 덜컥 겁이 나.

노인대학에 가보면 정말 많은 강사들이 와서 이야기를 해주지.

이렇게 사세요, 저렇게 사세요. 이런 음식 많이 드시고 저런 음식 많이 드시지 마세요. 많이 웃으세요. 적게 드세요. 운동도 많이 하세요. 콜레스테롤 당뇨 조심하세요. 그리고 손자들은 봐주지 마세요.

귀 얇은 박여사는 완전 맹신하고 따라한다니깐.

그런데 '손자 봐주지 마세요'라는 말에 좀 충격이 되었어. 관절이 나빠지고 십 년 더 빨리 늙는다고 하더라고.

물론 손자자체를 본 체 말라는 뜻이 아닌 줄은 알아. 무리하면 뭐든 나빠질 테니까. 그렇지만 며느리가 들으면 과연 어떨까 싶어.

거기에 딸린 유머도 해 주었어. 며느리가 손자 맡기면 음식을 입으로 씹어서 손자 입에 넣어주기, 사투리 가르쳐 주기, 이런 걸 하면 며느리가 질색해서 데리고 간다고….

이렇게 세월이 변해 버렸어. 그것도 아주 급하게, 그리고 좋다고만 할 수는 없게….

나 어릴 때는 적게 낳자는 '가족계획'이란 말이 있었거든. 요즈음엔 아이를 낳으라는 가족계획이 필요한 시점이래. 그래서 점점 적어진 젊은 세대들이 콩나물시루 같은 교실을 메우던 우리 세대가 나이가 들어 만든 '노인문제'라는 걸 절실히 깨닫게 된 거야.

전염병이나 여러 고칠 수 없는 치명적인 것이 과학적으로 다 해결되어 버리니 우리는 노년기가 연장되는 새로운 고통 아닌 고통을 겪게 되었어.

정치하는 사람들이 사회보장제도나 의료제도를 잘 꾸려야 할 거야. 어릴 때 유럽 쪽 보장 제도를 사회시간에 배우며 부러워 할 때도 그게 내가 꿈꾸어야 할 일이 될 줄은 꿈에도 생각지 못했어. 노인은 오랜 경험으로 젊은이들을 이끌고 젊은이는 새로운 제도에 발 빠르게 움직여주며 상호 도움이 되어야만 해.

양로원 방문 프로그램이 있어서 얼마 전에 갔더니 허리가 꼬부라져도 비질을 하고 걸레질도 하고 상추밭도 일구고 쓰레기 분리도 하고 있었어.

어떤 노인들은 게이트볼도 하고 훌라후프도 돌리고….

어설프긴 해도 도움을 주는 젊은 사람들이 오래 지켜봐 주는 모습이 보기 좋았어.

노인이 노인을 돕는 시대가 올 거라고 누군가가 말했어. 젊은 사람은 나이 들어 보지 않으면 실감이 나지 않을 거야. 나도 젊을 땐 늙은 사람들을 보며 전혀 긴장하지 않았었거든. 아직 건강할 때 작은 도움이 될 수 있기를 바라는 마음이 생겨.

아마 나 같은 그나마 건강한 사람을 모아서 자원봉사 팀을 만드는 프로그램도 생기겠지?

누구에게나 똑같이 주어진 시간인데 왜 사람마다 이렇게 느낌이 다른지 몰라.

나이 들어도 바쁘게 좋은 일 많이 하고 세월이 더 흘러 말도 못하고 호흡만 있을 때, 내 머릿속에서 왜 시간이 이렇게 더디냐고 생각하지 않을 수 있는 그런 좋은 시절이 왔으면 하는 소망을 해.

- 병원과 양로원을 방문하고 와서 30년 후를 생각하면서 -

2.

상처를 보며

시간이 간다는 것이 얼마나 다행인지 새삼 생각합니다. 사고하는 능력은 시간과 비례하지 않았지만 그래도 이 정도쯤은 생각해줘야 한다는 판단이 생겨나기도 했기 때문에 조금씩 변할 줄 아는 나를 보는 즐거움으로 살아가기도 합니다.

매화향기가 물길 긴 섬진강 위로 강물과 같이 흐릅니다.

매화마을에서

그 해 삼월엔 가끔씩 조용하게 보슬비가 내렸습니다.

겨울여운이 아직 남아 있고 나긋한 봄노래가 흐르는데도 사람들은 어두운 빛의 겨울옷을 입고 다녔습니다.

차창유리에 붙어있던 먼지와 비가 만나 흉터를 남기고 비가 그칩니다.

오돌토돌 보기 싫게 생긴 자국 위로 퍼석한 먼지냄새에 섞여 봄꽃냄새도 함께 실려 왔습니다.

그 봄이 오기 전 겨울은 너무나 추웠습니다.

착한 마음으로 서로가 서로에게 배려하고 아껴주는 삶의

미덕이 산산이 부서져 버렸고 사람과의 이해관계가 얽혀 엉망진창이 되었습니다.

그리 젊진 않았지만 그래도 '젊어 고생'이란 말에 맞춰 보면 '젊어 마음고생'이 심했던 겨울이었습니다.

가슴 졸이며 마음아파 했다가 정말로 아픈 배를 움켜쥐고 응급실을 찾고 모든 것이 끝났다는 회한의 눈물을 흘렸던 날과 함께 겨울은 천천히 지나가 주었습니다.

용서할 줄 모르던 마음과 나만 타인에게 배려했다는 오만이 남아 있었습니다. 버려진 듯 서러움도 그 뒤에 남아 있었습니다.

세상이 나를 중심으로 돌아가고 있다고 믿는 어리석음도 여전히 남아 있었고 존재감이 없어질까 노심초사하며 살았습니다.

겨울이 몹시 추웠지만 그나마 나의 진심을 아는 사람들의 보이지 않는 사랑이 나를 살게 했습니다.

흠~흠~ 향기를 맡을 땐 이상하게도 눈이 감깁니다. 그윽한 얼굴 모습으로 코를 실룩거리게 되네요.

추운 겨울 메마른 가지를 뚫고 올라온 매화꽃들과 아픈 만큼 성숙했다고 스스로를 위로하며 꽃들과 같은 마음이라 믿고 싶어집니다.

시간이 간다는 것이 얼마나 다행인지 새삼 생각합니다. 사고하는 능력은 시간과 비례하지 않았지만 그래도 이 정도쯤은 생각해줘야 한다는 판단이 생겨나기도 했기 때문에 조금씩 변할 줄 아는 나를 보는 즐거움으로 살아가기도 합니다.

매화향기가 물길 긴 섬진강 위로 강물과 같이 흐릅니다.

품격, 기품. 그들의 꽃말이 살짝 긴장이 됩니다.

적 앞에서도 의연한 패배한 장군처럼 고서에 나오는 의리있는 기생의 자태처럼 고고하지만 오만하지 않는 그들의 군락을 경이로움으로 바라보았습니다.

그 마을에는 온통 매화뿐이었습니다. 시기도 질투도 오만도 편견도 없는 고결한 기품만이 있었습니다.

비온 뒤 낮아진 하늘 아래 흐르는 향기는 천박스럽지 않았고 기분을 완전히 전환시켜주는 환상적인 매력을 맛보았습니다.

얼마나 오고 싶어 했는지 긴 겨울의 터널을 얼마나 벗어나고 싶어 했는지 그 마을에 가서야 더 절실히 알았습니다.

나는 더 아름다움을 위해 살아야 하고 은은하게 튀지 않게 향기를 발하며 살아야 할 이유가 있고 더 용서할 수 있는 시간이 필요하고 더 보듬어 안아야 할 사람이 있다는 걸 깨달았습니다.

매화마을은 내게 좋은 선물을 주었습니다.

맛있게 먹었던 매실장아찌의 알싸한 맛이나 톡 쏘는 신맛을 곁들인 재첩회 맛도 잊지 못할 것이지만 사람이 이렇게 밝아지고 사람이 이렇게 꽃처럼 화사해진 것만큼은 그곳에 가지 않고는 받을 수 없는 선물이 아니었나 생각합니다.

무릉도원처럼 꿈꾸며 항상 가고 싶어할 그곳, 나는 그 매화마을에 다녀왔습니다.

새로운 도전

꼬르륵~ 몇 번 허기가 졌었다.

어린 시절 해지도록 놀다가 배고파 집에 뛰어 갔던 것하고는 차원이 달랐다. 무언가에 몰두해서 그것을 알고 싶어 목말라 했다는 이야기와도 차원이 다르다. 그냥 기분 좋지 않은 그런 배고픔이었다.

제품을 만들어서 차곡차곡 쌓아놓고 뿌듯하게 바라보며 숫자를 데이터 목록에 적어 넣는 일이라면 좋았을 것을 하고 생각했다. 그땐 그것이 쉬운 일인 줄 알았던 것 같다.

어디든 입사를 하면 그랬다. 초보라서 그렇다고 말하기조

차 민망한 무지함이 스멀스멀 내 몸을 기어 다니는 것 같았다. 그렇게 시작은 늘 배고픔이었다.

일도 잘 못하면서 허기져 하는 내 모습이 싫어서 더욱 배 고팠다. 그건 물리적 허기가 아니라 정신적 허기였다. 오래된 사원들은 풍족해 보였고 전혀 배고파하지 않는 것으로 보였다.

일처리를 잘 못해서 2년차 김대리도 호되게 꾸중을 들었지만 회사 내 식당에서 허겁지겁 잘도 먹어 대었다. 분명 나는 그리 둔하지 않은 보통사람이라서 어느 정도의 시간이 지나면 일을 파악하고 잘 할 수 있을 것이라는 걸 알면서도 또, 그 사실이 믿어지지 않아 노심초사했다.

시작이란 이런 것이다. 단거리 달리기 때 출발선상에 선 것처럼 콩닥콩닥 가슴을 뛰게 한다. 분명 나는 총소리를 듣고 뛸 것이며 전력 질주할 것이고 일등을 하건 꼴등을 하건 다 달리고 나면 후련해할 것이었다. 그런데 시작이란 무엇이든 어떤 것이든 두근거림으로 다가왔다.

그런 시작들에게서 자유로울 수 있다면 얼마나 편안할까를 늘 소원했다. 시작은 아름다운 것이라고. 시작은 새로움이고 새로움은 호기심을 가지게 하고 그 호기심이 나를 행복하게만 만들 것이라고 믿는 것이 삶의 전부라면 얼마나 좋을까 기대했다.

죽은 것 같던 나무에서 새순이 돋는 것을 보는 것처럼, 돌 지난 아기의 첫 걸음마를 보는 것처럼, 갓 성년이 된 딸아이가 립스틱을 바르는 것을 본 것처럼 그렇게 행복함만으로 시작을 할 수 있으면 얼마나 좋을까 생각했다.

시간이란 것이 있어 좋은 것이 바로 새로움을 익혀가는 것이다. 시작하고 시간이 흐르고 살짝 익숙함에 때가 묻어가는 순간이 오는 것이다. 묻었을지 안 묻었을지 모른 채 서서히 쌓여가는 익숙함이 나를 살게 했다. 조금씩 당돌해지기도 하고 조금씩 의뭉스러워지기도 하고 구렁이 담 넘어가듯 슬쩍 일을 처리하기도 한다.

늦은 밤 일마치고 나오면서 맞는 찬바람에 쓸쓸해지거나 회사 앞 공원에 떨어지는 낙엽을 보며 소주 한 잔을 제안하는 겁 없는 아줌마가 되기도 한다. 그런 익숙함에 안주하려고 할 무렵이면 또 다른 새로움이 다가왔다.

한 가지 일에 오래 오래 매달려 프로페셔널답게 살아가는 사람들이 부러웠지만 그런 삶이 이미 아닌 나에게 다가오는 또 다른 삶속의 내 모습을 상상하면 기대가 되었다.

지금 생각해 보니 징검다리 건너듯 폴짝 넘어 간 일도 있고 힘겹게 줄 배를 타고 강 건너듯 건너 온 일들도 있었다.

사람 복이 있다는 말을 듣는다. 우연한 기회에 인연들이 또 다른 삶을 주었다.

한 번도 새로운 것에 후회해 본 일 없었고 새로움을 만날 때마다 그 알 수 없는 배고픔을 이겨내고 안주할 만큼 일을 해낼 수 있는 내가 신기했다.

작년 한 해는 학원에서 새로운 공부를 했다.

적지 않은 나이인데 그걸 할 수 있겠느냐고 주위에서 걱정을 했다. 솔직히 나도 망설였다. 그래도 어떤 인연에 이끌려 그런 일들을 만났다고 생각했고 완수해 보고 싶었다.

부정적인 생각이 51%가 되면 하지 않겠다고 나름대로 원칙을 만들었는데 그 1%의 이끌림과 1%의 좌절 하나 조절 못하는 연약함이 싫어서 무작정 그때는 1%의 이끌림을 쫓아 51%의 긍정을 만들었다.

가슴속 저변에 희망충전소를 마련해 두고 스스로 희망고문을 해 보고 또 다른 새로움을 신기해하려고 노력한 것은 분명 그 결정이 외롭고 힘들었기 때문이었을 것이다.

다이어트를 작정하는 것처럼 새로움에 도전하는 것은 쉽지 않다. 어느 날은 살이 좀 빠진 것 같아 금세 마음이 새뜻해지고 어느 날은 어젯밤 살짝 먹은 간식 때문에 무거워진 것 같아 천근만근이 되는 것처럼 몸과 마음이 여러 갈래 길에서 방황을 했다. 그래도 공부를 열심히 했고 큰 것은 아니지만 시험에 통과했고 지금은 배운 것과 맞는 직장을 만나 또 다른 새로움과 만나고 있다.

얼마 동안 그들이 펼쳐 놓은 무대에 주춤거리고 올라서서 관객도 못 보고 같이 연기하는 사람들도 제대로 쳐다보지 못하고 쭈뼛거리며 서 있었다. 이젠 관객도 슬쩍 볼 수 있고 동료들도 애써 볼 수 있다. 시간이 가면 슬쩍 애드리브를 칠 수도 있고 오버액션도 취할 수 있기를 기대한다. 그러다 그것에 익숙해져서 주인공까지는 못되어도 좋은 조연은 되고 싶다는 욕심을 부려도 되지 않을까.

아직도 또 다른 새로움이 있을까 기대하며 하루를 사는 것도 나쁘지 않다.

오늘 마지막 대사를 하는 총무과 미스김이 이렇게 연기했다
"이곳에서 난 소중한 존재랍니다."

그래, 나의 존재는 소중하고 소중하다.

표현한다는 것

아직도 이곳 경상도에는 이 말이 미덕인 양 마음을 나누고는 한다.

"밥은 묵었나?"라는 말은 끼니는 제대로 챙겨 먹으면서 일하느냐는 일벌레에게 하는 말일 수도 있겠고 없는 살림에 그것을 해결하기는 하느냐는 말로 들을 수도 있겠다. 오래전 보릿고개 시절에 버릇처럼 하던 말이라고 생각하면 서글픈 인사말이기도 하다.

간단한 경상도어가 주는 정감에 대해 아직도 우리네 여자들은 이야기할 때가 있다. 그 말에 무뚝뚝해서 정이 없다고 말하는 부류와 정이 아주 듬뿍 들어 있다는 부류로 갈라진다.

속이 깊어 그렇지 말 안 해도 딱 보면 좋아서 그러는 것 아니냐고 간단하게 손 털듯 말하는 사람들을 보면 한 편 부럽기도 하지만 표현하지 않는 사랑은 사랑이 아니라는 말을 믿는 내겐 얼마나 고리타분한 해석인가! 다정다감한 말을 기대해봐야 상처입기 두려워 그런다고 나는 믿기도 한다. 입술 다물고 말을 아끼는 사람에게 차라리 한스러운 마음마저 쌓여 있다.

"달이 참 밝죠?"

어느 여인이 말했다.

"보름달이니까…."

상대남자는 분위기 좋은 벤치에서 그 한마디 했다. 이 우스갯말은 경상도 남자의 무뚝뚝함을 말하기도 하지만 차라리 그 무뚝뚝함이 얼마나 매력인가로 풀어낸 사람들의 이야기이기도 하다.

'밥 묵었나'라는 말은 그들의 해석에 의하면 '끼니 잘 챙겨 먹는지, 건강한지, 항상 너를 얼마나 걱정하며 아끼는지 알지?'라는 뜻이라는 것이다.

지금 경상도의 젊은 남자들은 그러지 않겠지라고 성년이

된 딸아이에게 물어 보니 그 아이들도 구석에 몰리면 아버지들 뒤에 숨어서 경상도 남자라는 이름을 슬쩍 내보이곤 한다는 것이다.

어처구니없게 여인들도 거기에 순응하듯 무뚝뚝한 그네들의 남자들을 우직한 매력으로 해석하고 믿고 의지하며 산다. 그러다 어느 날 자조하듯 말한다.

'무슨 남자가 다정다감하지도 않고 자상하지도 않고 재미하나 없는가…'라고.

분명 말주변 없는 사람에겐 딱 좋은 변명거리가 되고 더 심각한 건 더 표현하려고 노력하지 않아도 된다는 것이었다.

'꼭 말을 해야 아나?'라는 말이 있다.

'당신 나 사랑하세요?'라는 감성적이고 로맨틱한 질문에 나온 답이라고 하기엔 무지막지한 대답이 아닐 수 없다.

함축된 말 속에서 긍정적인 의미를 찾아내는 맛에 대해 모르는 바는 아니다. 눈빛만 봐도 알 수 있다는 낭만적인 말이 있으니까. 그저 통하는 그런 사이가 되기 위해 서로에 대해 얼마나 노력하며 말을 나누어야 했을까를 생각한다.

말을 하지 않았는데 어떻게 알 수 있단 말인가. 독심술사이거나 신이 내린 사이가 아닌 바에야….

경상도이건 어느 도시건 그곳 정서를 이해하고 수용할 수 있다면 더할 나위 없이 평범한 일상들을, 예민하고 감성적인 사람들은 그것을 이해하기가 싫다.

분위기가 적절하고 마음속 정서를 일깨우고 설렘을 줄 수 있는 언어들은 하늘만큼 땅만큼 많은데 그걸 찾아내는 기쁨을 외면하고 '됐다!!!'라는 대표적인 말처럼 게으름으로 인한 단축어만 사용해 대고 있다.

내 마음속 누군가와 나는 대화를 한다.

'달이 참 밝죠?'

'아름다운 밤이 찾아와서 파란 하늘에 당신처럼 환하고 예쁜 달이 떴네요.'

'당신, 나 사랑해요?'

'세상 어느 것을 주어도 바꾸고 싶지 않을 만큼 아름다운 당신을 사랑합니다.'

그러나 나는 아직 경상도에 살고 있다.

성산포 연가

구멍이 송송 뚫린 까만 바윗돌 위에서 그를 보았습니다.

바다는…. 바다라고 말하는 순간 바다를 표현하지 못하겠습니다.

수평선이 너무 가지런해서 성산포 시인 이생진님이 눈이 그렇게 유쾌하게 베인 적이 없었다고 했던 말을 떠올립니다.

그 선명하고 화끈한 표현에 가슴이 설렙니다.

그분의 말을 빌리면 바다 앞에서 육중한 암벽도 노예임을 시인한다고 했고 바다는 사람이 만든 절망을 삼켜주고 사람이 절망을 노래하면 들어 준다고도 했고, 바다는 사람보다 더 여유 있게 산다고 했습니다.

내가 칭송할 표현을 찾을 수 없는 바다를 이렇게 인용할 수밖에 없는데도 그는 이렇게 나를 설레게 합니다.

얼마 전, 할 수 없이 두고 온 바다를 그리워합니다. 힘든 길을 달려와 쉬고 싶었는데 그리움 때문에 발을 돌려 또 달려만 가고 싶습니다.

그곳엔 들꽃들과 풀잎이 소금기 어린 바람에 흔들리고 있겠고, 투명한 하늘에서 별빛이 내려 바닷길을 만들고 있을 겁니다. 올레길엔 마음이 건강한 사람들이 발걸음을 옮기고 있을 것이며 망아지가 어미 앞에서 재롱을 피우고 있을 것입니다.

필름처럼, 영상이 스펙트럼처럼 주르륵 펼쳐져 눈물이 나려 합니다.

연극의 1막이 끝날 때 스르르 꺼지는 불처럼 잔잔한 파도가 밀려왔다 소르르 사라지는 소리와 친구를 부르는 갈매기의 간단한 신호소리, 사람들이 일출봉에 올라 외치는 함성, 바닷사람들의 굵직한 뱃노래…. 이렇게 소리로 다가오는 그리움도 눈가에 이슬을 맺히게 합니다.

성산포 항구 허름한 선술집에서 제 말만 하는 사람이 술

한 잔을 하고 있으면 술에 약한 바다가 먼저 취해 제 말만 한다고 했습니다. 나도 제 말만 마구 마구하고 있으면 들었어도 아무도 듣지 않은 것처럼 누군가도 제 말만 하고 있어 주면 좋겠습니다.

여고 시절 국어선생님이 시화전에 내놓으신 시 한 구절이 기억이 납니다.

'해가 지면 파도가 선술집으로 기어들어 가고….'

파도도 잘 모르고 선술집도 모르고 해 지면 술 마시러 가는 기분도 모르던 시절인데 그 시구가 내 머리 속에 남아 아직도 출렁거리고 있습니다.

지금은 파도의 움직임도 알고 선술집이 어떤 곳인지도 알고 술 마시러 가는 기분도 알게 되었는데 30년이 훌쩍 지났지만 그 선생님과 파도와 같이 한 잔 하며 제 말만 하고 싶어집니다.

'오늘 제가 술을 마시면 저기 성산포 바다가 취해 줄까요, 선생님?'

'…….'

'주인아주머니가 와서 취했어요? 하고 물어 줄까요.'

그런 말 오랜만에 들어 보고 싶은데….

파도도 잘 보르고 선술집도 보르고
해지면 술마시러 가는…

난 이성이 온전히 살아남아 취객행동을 하지 못할 겁니다. 파도처럼 살짝 비틀거리지도 못하고 파도처럼 포효하지도 못할 겁니다. 대신 파도가 다 해 주지 않을까 기대합니다.

달이 떴습니다. 바다 위에 새로 생긴 달빛 길로 그리움이 밀려와 쌓입니다.

그가 그립습니다. 헤엄쳐 가서 그 그리움의 길에 서 있고 싶습니다. 바람에 그리움이 출렁입니다.

납작한 신을 신고 구멍 난 까만 돌 위를 걸으며 내 온기를 그 위에 남깁니다. 소르르 밀려온 파도가 내 온기를 쓸어가며 하얀 거품을 남깁니다. 바람에 꺾이지 않는 바닷가 들꽃의 향기까지 실어 파도는 그리움을 싸안고 바다 심연까지 갔습니다.

지금 그리움의 바다가 내 가슴속 심연에 있습니다.

보고 싶습니다. 그 수채화 같은 풍경과 그 풍경을 황홀하게 바라보던 내 모습까지 또 보고 싶습니다.

그만 나잇값 좀 하라는 친구의 퍼석한 빈정거림을 흘리며 나는 바다에 더 젖어 갑니다. 나잇값 공식이 있다면 나이는 그리움이 깃든 촉촉함의 농도라고 말해도 될까요.

영원을 기억하는 바다는 내 작은 그리움을 기억하고 찾아가면 또 반겨줄 겁니다.

속마음 다 드러내고 싶어도 한 구석은 꼭 남겨두게 하는 그리움의 존재가 더 아름답고 깊고 푸른 그 바다의 모습입니다.

긴 그리움으로 남은 나의 연가입니다.

먹고 기도하고 사랑하라

Eat

아버지는 요리를 하셨다. 아버지 꽁무니를 졸졸 따라 다니며 아버지의 요리를 보며 요리하는 사람은 무엇이든 먹을 수 있고 아무것이든 먹지 않는다는 생각을 가졌었다.

아버지가 드시는 음식은 무조건 따라서 먹을 만큼 식성도 좋았다. 이 녀석은 내가 혐오식품을 먹어도 따라 먹을 것이다…. 라고 아버지가 어느 날 지인에게 하시는 말을 들은 적 있다.

특별히 어느 집의 음식이 맛있다고 친히 칭찬하는 곳이면 나도 그 집을 인정했다.

요리 속에도 철학이 있고 존경과 사랑이 존재한다는 것을 진작 알고 있었던 같다.

식탐이라는 말이 부정적으로 들려도 귀엽게 느껴지고 식도락이란 말에도 여러 가지 의의를 찾으며 즐길 수 있다.

식객, 식구, 등등 먹는 것으로 인한 관계 형성에 대한 이야기도 수많은 대화를 나눌 수 있다는 것도 알게 되었다.

맛있는 요리를 먹으며 좋은 사람들과 이야기를 나누며 추억을 만드는 행복도 이제 알고 있다.

아버지의 과감한 손놀림에서 경이로움도 느꼈고 요리하는 재미를 알아가는 나를 발견했다.

도마 위에 칼날 떨어지는 소리는 재료마다 다르다. 톡톡톡, 송송송, 싹싹싹…. 이런 음악이 만들어진다.

노랑, 빨강, 보랏빛 등 온갖 색채를 가진 음식재료들에게서 미술을 발견한다.

이것이 더 맛있다고 하든지, 이것부터 먹어야 맛있다든지, 뜨겁게 먹어야 맛있다든지 얼마를 숙성시켜야 맛있다든지…, 요리 하나만으로도 대화를 무궁무진할 수 있다.

여행가, 특히 음식여행가들의 칼럼들을 보면 기가 막히다.

영원히 먹어 보지 못할지도 모르는 음식이름이며 맛이며…. 그들은 음식세계를 영원히 펼칠 수 있을 만큼 다양한 자료들을 가질 수 있을 것이다.

주인공 리즈(줄리아 로버츠)는 일 년을 계획하고 먼저 이탈리아로 떠났다. 거기서 북적거리는 식당에서 줄서서 기다렸다가 커다란 피자를 한 입 크게 먹는 모습을 보여준다. 무엇이든 맛있게 먹으며 음식이야기를 나누고 시장을 돌며 먹을거리를 보여주고 다혈질적인 이탈리아 아주머니 흉내를 내며 친구들과 거리를 활보하고 마음껏 웃으며 자기 자신을 찾으러 다녔다.

Pray

엄마는 기독교인이셨다. 아버지한테 시집와서 종교문제로 갈등을 많이 빚었다.

엄마는 모처에 가서 기도하는 자유를 잃고 집에서 시간을 내서 혼자 기도하셨다. 새벽에 백여 미터 떨어진 교회에서 뎅그렁 새벽종소리가 울리면 자다 깬 엄마는 기도를 했다. 간절한 기도는 자식들을 위한 기도였을지 자기 자신을 위한 기도였는지 알 수가 없다. 기도라는 말 속에서 경건함과 애틋함과 절심함을 엄마로 인해 어릴 때부터 조금씩 알았던 느낌이 든다.

바람이 몹시 불어 새로운 싹들이 마구 흔들리던 이른 봄날에 팔공산 자락에 아름다운 사람들과 요가프로그램을 하러 간 적이 있다

인도라는 나라와 연관되어 있다는 것과 정적인 운동이라는 정도만 알고 가서 아주 무지하고 순수한 마음으로 시키는 대로 움직였었다.

눈을 감고 집중력을 발휘해 보고 기도하는 마음이 되어 본다. 울컥…. 여기서도 감성이 움직인다. 액체 방울들이 배 속에서 올라와 눈에서 물이 되어 흘렀다.

희한한 경험을 하고 마음과 몸이 뜨거워져 집으로 돌아온다. 기도라는 건 어쩌면 자기 스스로 잘 만들어 나갈 수 있는 또 다른 세계인지도 모르겠다.

리즈는 이탈리아를 떠나 인도로 갔다.

아픔과 사연을 가진 각처의 사람들과 이미 전통으로 이어져 온 그 나라 사람들이 자신들의 삶과 또 무엇을 위해 기도

를 하고 수행을 한다.

선구자들의 교훈들을 내 것으로 만들고 싶어 하는 것을 볼 수 있다.

그녀는 뜨겁게 기도를 하며 자기 자신을 찾아간다. 살아가는 것이 무엇인지 앞으로 어떻게 살아야 할지를 알아간다.

Love

자전거를 타고 풍경 좋은 거리를 달린다.

펼쳐지는 장면 장면들이 예뻐서 설레었던 기억을 지금도 떠올릴 수 있다.

그런 설렘으로 누군가를 바라 볼 수 있다면, 그저 바라보기만 해도 좋아서 받는 것보다 주는 것이 더 좋은 누군가가 있었으면 했다.

구차하게도 왜 더 사랑을 주지 않느냐고 투정부렸던 것이 부끄러울 만큼 무엇 줄 것 없나 궁리하게 만드는 누군가가 있었으면 했다. 운명처럼 우연처럼 영화처럼 기적처럼 그것이 내게 올 것이라고 믿었던 적이 있었다.

모퉁이를 급하게 돌다가, 잃어버린 지갑을 찾다가, 오래전

잊었던 짝사랑을 만났다가, 그렇게 거짓말처럼 만나지는 사람을 기대하기도 했다.

숨어 몰래 하는 사랑보다 같이 어우러져 펼치며 행복해 하고 싶은 그런 시절을 기대했다.

사랑을 버릇처럼 말하지 않고 자신도 모르게 그 말을 하고 마는 그런 사랑이 하고 싶은 것이었다.

리즈는 인도에서 발리로 갔다.

운명의 남자와 우연으로 만나 목젖이 보이도록 환하게 웃으며 원하던 만큼의 감동을 하고 사랑을 한다. 행복해 보이는 모습….

리즈처럼 그렇게 1년을 돌아다니며 여행을 할 수 없을지도 모른다. 그렇지만 로마에서의 그녀처럼 늘어나는 바지치수를 걱정하면서도 마음껏 친구들과 음식을 나누며 우정을 나누고 인도에서의 그녀처럼 단순한 마음이 되어 기도에 전념하고 무엇인가를 얻을 수 있고 발리의 그녀처럼 운명처럼 사람을 만나 마음껏 내 마음을 나눌 수 있을지도 모른다.

영화평에서 보면 결혼한 여자의 허영이거나 일탈을 부추기는 것이라고 말하는 사람도 있었지만 나는 그런 걸 보지 않았다.

긴 머리와 큰 눈으로 신중한 모습을 하고 자신을 찾으려는 행동을 할 때 그녀가 나를 대신해서 세 곳의 나라로 가준 것처럼 생각했다.

천성적으로 밝은 내 성격을 대변해 주는 것 같았고 한 곳에 집중하려는 마음을 불러 일으켜 주었고 사랑하는 사람을 만나건 안 만나건 풍경 좋은 곳으로 그녀는 자전거를 타고 달려주었다.

맛있는 것 많이많이 먹고 아무렇게 시간 보내지 않고 기도하는 마음으로 살고 마음껏 사랑을 하며 사는 것, '이것이 살아가는 것이다'라는 결론을 만들게 하는 영화였다.

작년 가을은 이 영화를 보면서 행복했다

상처를 보며

추웠던 겨울이 가고 있던 오래전 2월의 어느 날 나지막한 와룡산 자락 어느 동네에 아는 분이 새로 지은 조그만 집이 있어 돌도 채 지나지 않은 경이를 안고 이사를 했다.

백설공주에 나오는 난장이들이 살아도 되겠다 싶은 조그만 방 2개와 한 평 남짓 욕실, 한 평 남짓 부엌, 두 평 남짓 거실, 길쭉한 마당 그리고 아이러니하게도 아주 큰 대문을 가진 삐딱한 집이었다. 신혼 때라서 그런지 그 집도 감지덕지였다.

창을 열면 온통 초록빛의 와룡산이 보였고 공기도 아주 맑

왔다.

태열이 있어서 볼이 볼그스름하던 경이를 이사 온 그날엔 옆집 아주머니가 "아기 추워서 안 되겠다!"며 냉큼 안고 자기 집으로 들어가 버렸다.

2층 아주머니는 따뜻한 커피를 끓여 주셨다.

어릴 적 보았던 시골인심이 묻어나는 도시 속 시골이었다.

그날부터 삐딱한 집에 이사 온 젊은 부부의 소문은 퍼져나갔을 것이었다.

경이를 데려갔던 성격 좋은 옆집 아주머니는 나를 동네를 돌아다니며 인사를 시켜 주었고 낯가림이 심했던 새댁은 점점 동네아줌마가 되어 갔다.

4월이 되니 옆 텃밭에 메밀이 싹트고 온갖 채소들이 싹을 틔웠다. 바위틈새에 석이버섯이 늘려져 있고 돌나물이 손뜨개를 하듯 이어 이어 자라고 있었다. 고들빼기와 쑥이 천지에 늘려 있었다.

큰 소쿠리에 이불을 깔아 경이를 눕히고 작은 라디오를 가지고 산으로 갔다. 우리 집과 동네가 보이는 언덕에서 음악을 들으며 쑥을 캤다. 어린 시절 엄마 몰래 소쿠리를 들고 헤맸던 논두렁이며 사과밭이 떠올랐다.

경이는 눈을 치켜뜨고 하늘을 보다 새록새록 잠이 들었다.

시골 아닌 시골에서라도 자랄 수 있어서 다행이라는 생각을 하며 괜스레 안심이 되었다. 도시를 꿈꾸며 청년 시절을 보냈지만 난 어쩔 수 없는 시골사람인 것이다.

젊은 시절에도 초록을 그리워하며 여러 가지 혼란을 많이 겪었다는 생각을 한다.

경이가 네 살이 되던 해에 동생 형이가 태어났다. 씩씩하게 맑은 공기 마시며 두 딸아이는 촌스럽게 유년을 보냈다. 진흙장난이며 숨바꼭질이며 비석치기며…. 희한하게도 내가 놀던 시골 같은 모습이 그곳에서도 펼쳐졌다.

경이는 넘어져서, 형이는 내리막길을 자전거타고 내려오다 곤두박질쳐서 생긴 무릎흉터가 있다. 그 상처를 보면서 아직도 우리 세 모녀는 할 말이 많다.

"엄마는 처음 다쳤을 때만 소독하고 약 발라 주고는 그다음엔 봐 주지도 않았어. 그래서 이렇게 새 살이 덮여있는 거야. 우리를 완전 방목했었다고…."

"그땐 아무 말 없더니 이제 와서 웬 투정이니…."

"그땐 그때대로 좋았으니까 그러지."

땟국 흘리며 얼굴 벌겋게 해서 산을 헤매고 내려왔던 모습이며 눈 온 날 눈싸움 신나게 했던 일이며 동네 집집마다 놀러 다니던 유년 시절이 돌아보면 참 행복했다고 말한다.

둘이 정말 재밌게도 무릎근처 비슷한 위치에 새살 돋은 못생긴 흉터가 있다. 가끔 그 흉터를 보면 마음이 짠해진다.

"그래도 나는 나중에 아이 낳으면 엄마처럼 키울 것 같애. 애달파하며 키우지 않고…."

화풀이인 듯 말해놓고 나중엔 칭찬처럼 말해주는 그런 투정을 하면서도 아이들은 정말 잘 자라 주었다.

어린 시절 안정감을 준다는 초록빛을 많이 보고 자란 영향이 있었다고 믿고 있다. 문명이 찾아 들지 않았다면 초록의 의미도 모르고 그냥 그렇게 원시인처럼 살았을까.

내게 미소와 눈물이 나는 추억들이 없다면 아이들에게 만들어준 작은 추억들도 어쩌면 존재하지 않았던 것이 아닐까.

추억 없는 자의 무미건조함은 상상도 하기 싫다.

모기가 앵앵거리고 물어서 시골살이가 싫다고 아이아빠가 말했던 적이 있다.

뼛속까지 도시남자라서 그와 시골이야기 나누는 것을 포기했었다. 그래서 내 정서를 그는 하나도 이해하지 못하는 듯하다 그러거나 말거나 난 시골출신일 수밖에 없어 아이들을 그렇게 키웠다. 아이들이 흙탕물에 뒹굴다 와도 그리 꾸지람하지 않았고 장난치다 다쳐도 애달파하는 모습을 보이지 않았다. 그러면서 자란다고 믿었고 또 나도 그렇게 배우며 겪으며 자랐다.

아이들은 그 상처를 보며 서러웠다고 표현하면서도 자신이 의지력이 있음을 자랑스러워하는 것 같다. 떼쓰고 어리광 부림이 너무 없어서 탈이라고 할 만큼 일찍 철이 들어서 믿음을 주는 아이들이다. 그래서 덜 미안하다. 아니, 아이들이 나를 덜 미안하게 만들어 준다고 믿는다.

어쩌면 세월이 지나 내가 아이들에게 어리광을 부리게 될지도 모르겠다는 생각을 한다. 나 자신도 너무 일찍 철이 들어서 어리광을 못 부려봤던 것이 이제 와서 아이들에게 여린 내 마음을 걸고 있는 것 같다.

가끔 내 존재감을 확인하고 싶은 어느 날이 오면 아이들을 찾아가 해프닝 살짝 벌여놓고 올 수 있는 그런 날이 있기를 기대한다.

작은 상처 하나 생기면 아프다고 약 발라달라고 찾아가서 잉잉 투정부려 보려고….

가야산 모퉁이를 돌면

오늘 아침 대지가 푹 젖어 있는 걸 보니 밤새 비가 내렸다 봅니다. 지금은 바람이 신록을 마음껏 희롱하며 송홧가루를 날리고 있습니다. 그곳 가야산에는 지금 비안개가 자욱할까요.

대문 앞 장대에는 무슨 새가 와서 오늘은 선생님들께 인사를 하고 있을까요. 제가 갔던 날엔 까마귀 두 놈이 개똥지빠귀 한 쌍을 공격하는 것을 지켜보았었는데….

그곳에는 이 계절 아침이면 뻐꾸기와 두견이가 자기들의 언어로 인사를 나누고 산비둘기가 날아와 구구 인사를 한다면서요. 오늘같이 비 내린 날이면 가야산 선생님들의 그 보

뻐꾸기와 두견이가 자기들의
언어로 인사를 나누고....

금자리를 떠올립니다.

송학사라는 노래의 가사에 보면 산모퉁이 바로 돌아 송학사 있거늘 무얼 그리 갈래갈래 깊은 산속 헤매느냐는 말이 있잖아요.

해인사로 가는 큰 길에서 산모퉁이 살짝 돌면 있는 그곳을 생각합니다. 무얼 그리 갈래갈래 헤매면서 살고 있나 싶을 때 문득 생각나 찾아가면 동그란 두 눈을 크게 뜨고 반가이 맞아 주시는 지현 선생님과 말을 아끼며 살짝 안아주시는 산정 선생님이 계시기 때문이죠.

제가 언제부터인가 어리광을 부리고 있었어요. 힘들어요. 재미없어요. 쓸쓸해요…. 이렇게 투정을 마음껏 부리고 있었죠. 그래도 전혀 싫어하시지 않고 웃으며 받아 주셔서 눈물 나도록 고맙습니다.

어떤 때는 두 분이 너무 다정해서 샘이 났을까요. 두 분을 싸움 붙여 보려고 여느 집 시빗거리를 옮겨 보면 전혀 먹히지 않아서 헛수고를 하곤 하죠. 서양화를 그리시는 지현 선생님은 일부러 제게 맘 맞춰주시느라고 산정 선생님을 살짝 흉을 보시지만 동양화를 그리시는 산정 선생님은 "난 지현이 없으면 아무것도 못해. 바보가 된다고요."라고 어리광부리듯

애정표현을 하십니다. 그러니 싸움이 될 리가 없습니다.

두 분을 뵈며 과연 부부로 사는 것이 무엇일까 생각하게 합니다.

무시하는 마음 없이 존중하기, 장난을 쳐도 예의 지키기, 무엇이든 신뢰감을 바탕으로 대화하기….

그런 모습이 참 보기에 좋습니다. 서로 마음을 주고받고 있구나 하는 것을 보기만 해도 느껴지는 그런 아름다운 모습…. 전 그러지 못하고 살아온 것 같거든요.

지현 선생님을 보면 가끔 마음이 동일시되는 경험을 합니다. 무언가 조곤조곤 이야기 하실 때, 나도 그럴 때는 그랬을 것이다 하는 마음이 들죠.

작년에 가을이 깊어 겨울이 오려고 할 무렵 선생님이 작은 교통사고를 당하고 입원을 하셨던 때가 있었잖아요.

며칠 있다가 방문하니까 퇴원준비를 하고 계셨죠. 집에서 빵조각으로 끼니 때우는 산정 선생님 때문에 안 되겠다고 하시면서…. 그리고 이미 친구가 되어 있는 병실 친구들과 인사를 나누시더군요.

"가야산에 놀러와요. 차 대접 할게요. 저는 이제 다 나았어요. 춤이라도 춰 보일까요?" 하며 덩실 덩실 춤사위를 보여 주었죠. 내가 선생님만큼 나이 들면 나도 저럴 것이다 이런 생각을 했었습니다.

하지만 사람들과의 친화력은 따라갈 수가 없어요. 아무라도 함부로 대하지 않죠. 스스럼없이 다가가서 대화하는 능력이 뛰어나시거든요. 문득 문득 놀랍니다.

그날 햇살이 좋다고 드라이브를 했었는데 우연히 차를 세운 곳이 야생화를 키우는 단지였어요.

주인장이 선생님들을 알아보고 들어오라고 하더니 산에 가서 직접 캔 산삼으로 담은 술 한 잔씩 대접하고 단감을 안주로 주었어요. 꽃 이름 물으며 인연을 만들고 다육이들도 조금 사면서 다음 계절에 다시 오겠다는 약속도 하고 온갖 색깔의 국화꽃 향기도 많이 맡았던 것 같습니다.

그림을 그리시는 분들이라 꽃도 예사로 보지 않고 자연자체도 예사로 보지 않으셔서 덕분에 저도 하나씩 알아낸 것으로 아는 척하는 것도 많이 생겼답니다.

선생님, 길을 나서 보니 수국이 피었네요.

보글보글 핀 것이 우주의 신비가 느껴질 만큼 화려하지만 수수한 모습입니다.

어제 시골에 잠깐 다녀왔는데 동네 어귀에 함박꽃이라 불렀던 작약이 아름드리 피었더군요. 선생님들이 계셨으면 제각기 카메라를 들고 셔터 누르느라 여념이 없겠다 싶었어요. 그리곤 말씀하시겠죠. 원래 못 찍는 사람이 많이 찍어서 그중 하나를 골라낸다고, 잘 찍는 사람은 잘 조준해서 한 방에 찍어낸다고.

서로 주장하시는 이 이론은 어느 것이 맞는지 아직도 잘 모르겠네요. 그림 그리시고, 그 둥지가 그리워 찾아오는 착한 사람들을 일일이 맞으시고 갤러리 단장하고 매년 열리는 행사 계획하고 실행하고 전시회도 열고…. 그러다 보면 두 분은 나이 드실 시간도 없으실 거예요.

지현 선생님은 제가 찾아가면 향이가 좋아하는 비가 내리면 좋겠다고 말씀해 주시죠. 겨울엔 향이가 좋아하는 낭만적인 눈이 내려주면 좋겠고 여름엔 향이가 좋아하는 별이 쏟아지듯 반짝여 주면 좋겠다고 말해주시죠.

거짓말처럼 비가 내려준 날도 있었잖아요. 철없고 여려 보여서 제가 안타까워 보이는 것일까요. 가끔 걱정을 끼치기만 하는 것 같아 죄송스럽습니다.

해질 무렵 소나무 숲으로 해가 떨어지던 날 소나무 숲에 불이 난 줄 알고 깜짝 놀랐던 적이 있죠. 그런 자연의 신비함이 그 가야산 자락에 다 숨 쉬고 있었어요.

정말 멋진 곳입니다. 잔디마당에 누워 하늘 보는 맛은 무엇과도 비교할 수 없어요.

바위틈 채송화, 영산홍, 작약…. 철마다 변신하는 그 보금자리…. 그런 나만의 펜션이 있다고 믿고 오라고 하셔서 그 말씀 믿고 또 펜션에 덜렁 빈손으로 찾아갑니다.

지난겨울 파이프가 얼었다 녹아 황토방이 물바다가 되었을 때 같이 갔던 친구 두 명이 발 걷어 부치고 함께 해준 멋진 추억을 만들었죠. 그 친구들도 그곳을 그리워해요 그이들과 시간을 만들어서 꼭 그 황토방에 뜨뜻하게 지지러 꼭 가 볼 거예요.

힘들어 지친 세상 사람들이 찾아가면 선생님들의 그 사람 좋은 미소가 큰 위로가 된다는 걸 혹시 알고 계시는지요.

저도 그렇게 타인에게 위로가 될 수 있는 사람이 되도록 닮아가며 열심히 살게요.

좋은 공기 속에서 좋은 마음으로 잘 지내시니 건강 걱정 조금만 해드릴게요.

비 그친 5월의 어느 아침에 안부를 묻습니다.

화요일의 외출

화요일이라는 날, '화'라는 글자가 주는 뜨거움이 조금 답답하다. 그리고 휴일이 아직 멀었다는 막막함에 그리 '좋은 날'이라 말하고 싶지 않았다.

'화요일에 비가 내리면'이라는 노래는 슬픈 화요일을 이야기 해준다.

그 노래 속 비와 화요일은 묘하게 어울린다. 빗속에 눈물을 묻어버리고 추억은 빗속에 젖는다는 상투적인 시적 언어지만 화요일이었기 때문에 그 말이 살아있다는 생각을 한다.

그 노랫말을 들은 후 화요일에 비가 내리면 괜히 우울한 모드로 진입하려는 나를 발견한다.

어느 날 우연히 만난 화요일은 '미치 앨봄'이라는 사람이 모리라는 스승을 찾아가는 날이었다.

죽음과 삶을 넘나드는 사람에게서 배우는 삶의 가치는 휴머니즘의 진수라고 할 만큼 짜릿한 감동을 주었다.

죽어가고 있는 사람이 그렇게 멋있을 수가 있을까.

나도 그렇게 죽어갈 수 있을까…. 그리 쉬운 일이 아니라는 걸 이미 알고 있었지만 그런 삶을 조심스럽게 나의 소중한 바람으로 만들었다.

앞 뒤 없이 솔직하게 자신을 내보여도 수치스럽지 않았던 그 화요일. 그 화요일은 불기운의 화가 아니라 따스함의 화가 되었다.

그리고 화요일을 결정적으로 좋아하게 된 다른 이유, 화요일마다 합창연습을 하러 가는 것이다. 더 멋진 말로 하면 연주하러 간다.

아직은 소프라노 음색이 남아 있어서 좀 더 고음을 부드럽게 할 수 없나하며 애달파 하는걸 보면 노래연주에 욕심이 있는 게 분명한데 마음과 같지 않아 안타까워하고 있다.

심심해서 노래교실에 가서 신곡 연습하는 상황과 비교하면 맞지 않을 것이다. 지휘자 선생님께 꾸지람 듣는 걸 고깝게 여겼다간 한 시간도 거기 있지 못할 것이다. 그렇게 안타까움으로 노래를 가르치려는 사람을 참 오랜만에 만났다.

나를 이끌어준 친구가 알토파트여서 첨엔 무조건 알토파트를 할 수밖에 없었다.

어릴 때는 소프라노만 했었는데 또 다른 영역을 만나는 두려움이 있었지만 곧은 소프라노를 낮은 음으로 빛내주는 역할의 묘미를 조금씩 만끽하고 나를 발견한다. 절제하고 받쳐주면서 제대로 음을 내며 하모니를 만들 때의 어울림의 맛이라니!

두어 해 그렇게 화음에 푹 젖어 지내고 올해 합창대회 출전곡으로 '숲 속'이라는 노래를 연습하게 되었다. 그 노랫말이란 눈물 날만큼 아름다웠다.

내가 생각하는 가장 진수인 부분엔 소프라노만 유니송을 부르고 알토는 아카펠라 식으로 그 소프라노 솔로음을 보조해준다.

우리가 뜸~뜸 빰~빰하고 있을 동안 나오는 그 가사.

"초록빛 잎사귀 위에 환히 웃고 있는 꽃들은 하얗고 빨간 향기를 수줍게 흩날리고 있네. 풀섶에 떠는 달팽이 노란 나비와 또 개미들 저 서쪽 하늘 노을 속 해를 떠나보내고 있네…."

'노을 속 해를 떠나보내고 있네'에서 울컥….

알토파트 감성주의자들은 이 음절을 짝사랑한다.

"지휘자 쌤 저 소프라노 하게 해주세요. 전 원래가 소프라노였다구요."

이렇게 틈틈이 어필했었는데 그즈음엔 좀 강하게 우겼다.

그리고 봄이 오고 있는 이즈음 드디어 소프라노를 시작했다.

친구는 "소원 풀었네."라며 웃어준다.

그래요 소원 풀었어요.

노란 참외이야기를 인터넷에 예쁘게 쓰던 그녀를 십년 전 우연한 인연으로 만나 정을 나누며 지금껏 좋은 친구가 되었다. 그 친구는 내가 자란 시골과는 다른 시골의 맛을 배워주었고 합창단이라는 또 다른 문화의 정서를 몸소 만나게 해주었다.

사춘기 때 떠나와 버린 어설픈 내 시골의 정서를 이곳에서 완성한다는 느낌을 가질 정도로 시골식 퍼주는 사랑의 방법을 그녀와 그녀의 친구들에게서 많이 배웠다. 그녀들은 참 멋진 사람들이다.

인생의 길에서 또 다른 길을 갈 수 있게 해주는 친구를 가진 사람이 얼마나 있을까. 나는 참 복이 많은 사람이다.

좋은 친구가 있고 슬쩍 파트를 옮겨 버려 밉상이라 노려보는 예전 알토파트 동료들이 있고 어색하지만 받아준 소프라노파트 동료들이 있고 마구 소리치며 음을 잡아주는 지휘자님이 있고 늘 웃음 웃는 반주자 선생님이 있다. 그리고 노련하고 중후한 아저씨들의 부대 테너베이스파트 남성단원들….

난 그들을 화요일이면 어김없이 만나러 가서 허리를 꼿꼿이 펴고 목청을 가다듬는다.

화요일 저녁, 퇴근하고 그 서쪽동네로 차를 움직이면 노을이 발갛게 타들어가거나 묘한 서쪽하늘의 마술을 마음껏 볼 수 있다. 그러면 나는 노래한다.

"저 서쪽하늘 노을 속 해를 떠나보내고 있네."

미치 앨봄이 화요일에 모리교수님을 만나 삶의 가치를 새롭게 찾았듯이 나도 멋진 화요일에 노래하며 또 다른 삶과 사랑을 배우는 사람이다. 그분이 말한 사랑의 이야기를 늘 외우면서….

“사랑을 나눠주는 법과 사랑을 받아들이는 법을 배우는 게 인생에서 가장 중요하다는 거야.”

“사랑이야말로 유일하게 이성적인 행동이야. 나는 사랑받을 자격이 없다고 생각하지 말게. 자기 연민에 빠진 사람들이 많아 자기 연민의 시간을 짧게 하고 나머지는 즐겁게 사는 거야.”

우리 거기서 살아요

솔향기 퍼지고 산새들이 파아란 하늘을 데려오는 조용한 시골의 아침입니다. 기분 좋은 미소 지으며 눈을 뜨는 장면 속에 내가 있습니다. 부스스 잠깬 얼굴로 커튼을 걷는 당신 뒤로 햇살이 비추고 나는 긴 하품을 하며 게으른 기지개를 켜겠죠.

해가 뜨는 시간이면 마당에 나와 해와 마주서서 심호흡을 해요. 따뜻한 기운을 온 몸에 다 품을 것처럼 오버하면서 말이죠.

그리고 천천히 뒷산 소나무 숲길을 걸어요. 다투지도 않고 자기 자리들을 지키며 거침없이 자랐다는 어느 광고 카피의 말처럼 멋진 실루엣을 가진 그들이 기분 좋게 내뿜는 산소를 조금씩 얻어 가지기로 해요. 작년에 찬란했던 잎들은 낙엽이 되어 우리 발밑에서 바스락거리며 오솔길의 운치를 더 해줄 거예요.

당신 알죠? 내가 소나무를 얼마나 좋아하는지. 그 푸른 향기와 사람들에게 나누는 풍요한 모든 것들, 그리고 그 자태, 조물주는 어떻게 이런 멋진 작품을 만들어 주셨을까….

계절마다 새들이 그곳으로 와서 제각기 예쁜 화음을 내 주겠죠. 뻐꾸기며 소쩍새며 부엉이들이 넉넉한 우리 일상 속 여백을 가끔씩 메워 주러 올 거예요

친구들이 그러네요.

현실과 이상은 엄연히 달라 백조가 도도해 보여도 물속에서는 빠른 헤엄질을 끊임없이 하는 것처럼 폼 잡고 살려면 얼마나 바동거리며 부지런을 떨어야 한다고…. 우린 알죠. 소나무 숲과 맛있는 공기를 얻는 대가가 그리 만만하지 않다는 것을요. 그래도 우린 잘 할 수 있을 거예요.

현실과 다른 그 이상이라는 것이 그리 화려한 것도 아니고 작은 즐거움에도 어쩔 줄 몰라 하며 뻔하고도 흔한 감탄사를

남발하는 습관도 있고 무엇보다 전 시골뜨기 선머슴애처럼 자라 내면이 강인한 사람이잖아요.

예를 들면, 연못 속 물뱀이며 도롱뇽이며 근엄한 두꺼비며 찰흙 수집하다 만난 거머리나 쑥 캐러갔다가 똬리 틀고 있는 뱀들까지 다들 친구처럼 내 어린 시절을 같이 했었다구요.

늦은 밤 마당을 가로질러 화장실을 가는 용기도 아무나 할 수 있는 일이 아니라니까요. 마당을 걷다가 민들레도 제비꽃도 냉이꽃도 발견할 테죠. 그리고 이름 모르는 풀들, 그이들도 다 이름이 있을 텐데 우린 그 이름을 몰라 이름을 지어줄지도 모르겠어요.

산새들이 왔다가 담벼락에 우리가 내놓은 사과 반쪽을 콕콕 쪼아 먹고 가겠죠. 여름밤이면 몰려올 모기떼들을 대비해서 키 크게 자란 쑥대들을 잘라 놓기로 해요. 그 연기 냄새 맡으며 데크에 턱 괴고 철없을 때부터 늘 이야기했던 알퐁스 도데의 별 이야기를 하는 거죠.

'별들 가운데서 가장 아름답고 가장 빛나는 한 별이 길을 잃고 나의 어깨에 기대어 잠들어 있는 것….'

어느 날 누군가 읽으라고 한 「월든」에 있었어요.

미국 월든 호숫가에 집을 짓고 지극히 자유를 갈망하는 그에겐 그만의 자유가 있었죠. 그도 자신이 지은 집을 이야기하면서 별자리 이야기를 하더군요.

너무도 섬세해서 작은 빛을 내기 때문에 가장 가까운 이웃조차 말없는 밤에야 겨우 볼 수 있는 그런 별이 되어 그 우주 속에 자리 잡고 있다고 생각했대요.

우리가 그런 곳에 집을 지으리라고 생각하지는 않아요. 우리가 자리 잡을 그곳이 우리들만의 별이 될 거라는 생각을 해요.

모두 얼마나 낭만적인지 아직도 가슴이 설레지만 친구들이 아직도 별타령이냐고 할까봐 당신하고만 이야기하기로 해요.

겨울이 오면 눈이 많이 내릴 테죠. 소나무 숲에 내린 눈, 초록과 순백, 생각만 해도 산뜻한 마음이 되네요.

다람쥐가 도토리모아 놓듯 겨울이 오면 비상식량 준비해놓고 두문불출하고 큰 창밖을 바라보거나 꼬마눈사람 만들기를 하거나 발자국 찍으며 살짝 겨울바람을 쐬어요. 어린아이들처럼 폴짝거리면서요.

옆집에 할머니나 할아버지가 살고 계시면 가끔 모셔와 따뜻한 차 한 잔 대접하며 옛날이야기도 들어요.

우리도 나이 들었겠지만 더 오래전의 이야기를 들으며 '아녜요, 요즘은 안 그래요, 왜 그러셨어요.' 하지 말고 '그랬어요?' 하며 이야기 나누는 거죠.

잊고 지냈던 꿈을 하나하나 떠올리며 또 다른 실현을 해보는 거죠. 크건 작건…. 그래서 젊은 시절 맛보지 못했던 경이로운 기적들을 보게 될 지도 모르고 가슴 뛸 일이 없어 무료할 때는 계절마다 오는 변화에 몸을 맡기고 마음껏 하고 싶은 일을 해보기로 해요.

오래된 노트 뒤에 남은 몇 장에다 하나하나 적어가며 즐거움으로 살 수 있으면 해요.

당신과 맑은 새벽공기를 같이 맡을 수 있기를, 뒷산에 조선시대 여인들 겹겹이 입은 옷 벗는 소리 같다던 싸르락 싸르락 거리는 대나무소리나 상쾌한 솔잎 소리를 같이 들을 수 있기를, 빗소리 들으며 하릴없이 앉았거나 뒹굴뒹굴 해보기를, 게으름 피우며 우리가 키운 채소만으로 한 끼 채우며 히죽거리기를….

너무 많이 나열했나요. 더 있는데….

'당신은 상처받기를 두려워할 만큼 아직 늙지 않았습니다. 멀리뛰기를 못할 만큼 다리가 허약하지 않습니다. 우산과 비옷으로 자신을 가려야 할 만큼 외롭거나 비판적이지도 않습

니다. 또 무엇보다 당신의 시력, 눈은 별을 바라보지 못할 만큼 나쁘지도 않습니다.'

이 글귀에 위로를 받는 날이 오겠죠.

다시 오는 새로운 시간들을 누리는 걸 즐거움으로 생각하며 우리 거기서 살아요.

젊은 시절에도 우리는 정말 열심히 살았지만 나이가 들어도 그렇게 열정을 가지고 살 수 있을 거예요.

어디서 솔향기가 바람에 실려 오네요.

이별, 그 쓸쓸함

희야.

하루가 48시간보다 더 긴 것 같아.

24시간을 잘 쪼개서 열 가지 일도 할 수 있었는데 요즘엔 한 가지도 제대로 하지 못하겠어.

오늘 퇴근을 하고 오다 문득 그와 차를 마셨던 카페를 지나가게 되었는데, 언제인가 네게 말했었지. 그가 오지 않아서 화가 나서 벌떡 일어나다 핸드백 끈이 네모난 탁자 모서리에 걸려, 마시다 남은 주스컵이 바닥에 떨어져 깨지고 소란이 일었던 그곳.

마치 바람맞은 여자가 화난 것처럼 보였을 것이라고 생각하며 집에 와서는 아주 수치스러워 했는데 결국 결론은 요즈음 이 모습이다.

카페 커피향기가 배고픈 내 후각을 자극하며 지나간 기억들을 불쑥 불쑥 떠오르게 했어.

이젠 그와 보았던 영화이야기나 무궁화호를 타고 갔던 부산바다이야기를 들으면 드라마처럼 그와의 이야기들이 파노라마처럼 펴지며 기분이 많이 쓸쓸해질까.

네가 나를 아는 만큼은 내게 그런 말 건네지 말아 주라. 김수철이 '젊은 날을 눈물로 보낼 수 있나'라며 괴성을 지를 때 우리도 따라 열심히 캠퍼스에서 어깨동무하고 불러댔지만 그 가사처럼 난 눈물 흘릴 일 없다고, 그리고 그 젊은 날에 눈물 좀 흘린들 무슨 삶의 변화가 있을 것이냐며 코웃음을 쳤건만 어쩌면 내 생각이 틀렸을 지도 모른다는 생각이 지금 엄습한다.

따뜻하고 굵직한 목소리로 내게 해준 그의 약속들을 가끔 자랑하듯 네게 말해 주었지.

그 말들 위에 내 미래를 향한 언어들로 예쁘게 장식하며 서로의 마음을 나누었어. 그의 말들은 더욱더 빛을 발했고 그 약속이라는 것이 나중엔 신처럼 여겨질 만큼 아름다운 꿈을 꾸게 해 주었지.

내 연애는 분명 소설처럼 순수하고 아름다울 것이며 찬란할 것이라 분명히 믿고 있었어.

물속은 재어 보면 아홉 길인지 열 길인지 알 수 있지만 사람 속은 알 수가 없다고 한다. 이 말은 철들고 나서부터 들은 말인데 내게 소용될 말은 아니었어. 굳이 사람 속을 재어 볼 인생이 있을 리가 없다고 믿었어. 너와의 우정처럼 말이야.

너의 집에서 내가 얼마간 가족처럼 지냈던 것처럼 그냥 사랑하고 좋아하고 한 평생 그렇게 살아가는 거라 생각했어. 네가 그렇게 내 소설을 들으며 웃어 주었듯 그렇게 해피엔딩이어야 했던 것이지.

재어 보았으면 알았을까. 그가 이렇게도 오래토록 말없이 멀리 가버릴 줄을…. 사실 어떻게 재는지 측량법도 모른다. 바보처럼 아이처럼 그냥 그렇게 소설만 마구마구 써내려 갔나 보다.

꿈인 듯 생시인 듯 하루하루가 가네. 너무 쓸쓸하다.

한때 푹 빠졌던 권혜경의 '산장의 여인'이 들리니까 기분이 아주 나빠져.

어느새 몸피 작아진 친정엄마가 가요무대를 보며 '여자의 일생'을 따라 부르니 슬퍼져.

엄마가 '향이 왔나~'라고 하실 때 눈물이 막 나고 누군가 밥 먹었냐고 물어주니 가슴이 먹먹해. 별별 감정들이 가슴속에서 뭉쳤다 풀어졌다 텅 비어지기도 하는 묘한 경험을 하고 있어.

단단하던 시멘트벽이 갑자기 흙벽이 되었어. 그 흙벽이 폴폴 먼지를 내더니 흩뿌려져 버렸어. 그 먼지가 내 주위를 한참 맴돌다 사라졌어. 나는 잠에서 깨어 아주 실컷 울었어.

뭐지, 이 쓸쓸하고 텅 빈 듯한 느낌.

그리고 내내 창밖에 부는 바람처럼, 그 바람에 쓸리는 낙엽처럼 쓸쓸해. 내 주위에 맴돌던 그 달콤함은 어디로 갔지? 다시 내게 또 올까? 아니면 내내 오지 않을지도 모른다. 두렵다.

희야, 내 젊음은 쓸쓸함부터 배우나 봐.

1986년 가을 저녁

사랑하면… 사랑하게 되면… 내가 먹은 마음처럼 아름답게 이어 갈 것이라 믿는다.

확인하려 물으면 꼭 말을 해야 알겠냐고 하는 걸 제일 싫어하면서 도리어 나는 상대방에게 왜 말하지 않아도 그가 내 사랑의 마음을 다 알고 감동하고 더 행복해질 것이라 믿었던 걸까.

어리석은 지난 시절이다. 깨달았지만 믿기지 않는 현실, 바로 연애는 소설처럼 이루어지는 것이 아니라는 것.

그해 가을엔 푸석푸석한 내 얼굴만큼 계절느낌도 푸석거렸다. 세상이 흔들릴 만큼은 아니었지만 내 운신의 폭이 아주 많이 좁아진 것 같았고 자신감을 많이 잃었다. 그때 나는 이미 쓸쓸함을 배워 면역이 되고 있었던 걸까.

성인이 된 딸아이와 이성문제를 이야기하면서 그런 경험이 꼭 나쁘지는 않다고 말해 주지만 내 딸은 어느 누구에게나 사랑받을 만한 아이이며 내 아이가 사랑하는 사람이라면 말없이 내 딸아이 곁을 떠나버릴 일은 없을 것이라며 또 다시 그 옛날의 어설픈 소설가의 마음이 되는 나를 발견하고 만다.

쓸쓸함은 굳이 경험하지 않아도 되는 몹쓸 감정이다.

나이를 먹을 만큼 먹었는데도 아이들에게 말해줄 수 있을 만큼의 연애감정을 다스리는 어떤 기술을 모르겠다.

인간이 느낄 수 있는 오만 가지 사랑느낌을 하나도 모르는 것 같은 바보가 된다.

오래전 같이 살던 친구에게 쓴 편지글은 지금 나이 들어 돌아보며 쓴웃음을 웃게 만들며 온 마음을 준 사람을 못 보게 되는 드라마틱한 그 일들이 벌어진다는 것이 사람을 쓸쓸하게 만드는 가장 최상의 경험이라고 내게 알려 주는 것 같다. 결코 쓸쓸함은 면역이 되지 않았다.

양희은의 노래가 흐른다.

도무지 알 수 없는 한 가지
사람을 사랑한다는 그 일
참 쓸쓸한 일인 것 같아….

국어선생님이 되고 싶었어요

어리숙한 시골소녀가 중학생이 되었다.

과목별로 선생님이 다 달라서 좋다.

내가 제일 좋아하는 국어과목 선생님은 예쁜 여자선생님이셨는데 학기 시작하고 봄이 다 가기도 전에 훌쩍 떠나 버리셨다.

떠나신 이유를 분명히 들었던 것 같은데 전혀 생각이 나지 않는다. 왜냐하면 탤런트 이정길을 닮은 갓 제대하신 총각선생님이 급하게 부임해 오셨기 때문이다. 그때는 몰랐다 그분이 이정길을 닮았는지 총각이었는지 그런 이야기들….

촌뜨기인 내게 늦게 찾아온 사춘기가 어느 날 내게 말해 주었다. 그래서 얼마나 국어시간에 얼마나 내가 눈을 반짝였는지, 시험공부를 얼마나 열심히 했는지 친구들은 잘 몰랐을 것이다. 그렇지만 오로지 선생님 때문만은 아니었음을 변명하고 싶다.

초등학교 시절에도 늘 글 쓰는 것에 행복해 했고 선생님들이 부추겨 주기도 하셨기 때문이다.

주제를 찾아내고 글이 주는 교훈도 찾아내고 기승전결을 알아 극적인 것이 무엇인지도 알고 창작도 하는 그 즐거움이 제대로 찾아온 중학교 1학년 시절…. 그런 즐거움을 주는 국어선생님이야말로 지상최대의 직업이고 내가 나아가야 할 자리였다.

열심히 공부하고 시험성적이 좋으니까 이정길 닮은 선생님은 나를 예뻐해 주셨을 것이다. 단언컨대 내가 교사였다 해도 당연히 예뻐해 주어야 할 아이였다.

시샘하는 아이들이 조금 있었어도 다행히 나는 철이 없어 그랬는지 그걸 곡해하거나 많이 힘들어 하지는 않았다.

내 사춘기는 무난히 잘 지나가고 있었다.

2학년이 되었다.

긴 생머리 선생님은 도도하셨고 목소리가 성우처럼 고왔다. 교무실에 가면 납작한 도자기에 자갈을 소복이 넣으시곤 보랏빛 구절초 꽃을 한 줄기씩 떼어 자갈 사이에 꽂는 꽃꽂이를 해놓으신 것이 기억난다.

어느 날 우리 반에 장학사님들이 오시는 연구수업이 있었는데 「소쩍새」라는 시를 분석하는 것이었고 내가 따로 지은 창작시는 낭송을 하도록 계획되었다.

몹시 부끄러웠지만 꼭 내가 지은 시를 비발디의 사계음악을 배경으로 낭독하고 싶었다. 드라마틱하게도 하루 전날 선생님이 내게 목소리 예쁜 명숙이에게 내 시를 낭송하게 하자고 하셨다.

내겐 할머니에게 들은 이야기라는 명목으로 소쩍새의 전설을 이야기하라셨다.

어디서 그런 고집이 나왔을까.

"싫어요, 낭송할래요. 아니, 싫어예 낭송할래예…."

달래다 달래다 선생님이 화내시고 문 닫고 나가시던 뒷모습 기억이 난다.

긴 생머리가 펄썩 하며 선생님 등에 내려앉을 때… 무서웠다.

그날 저녁에 선생님 하숙집에 찾아갔다.

우리 반 진도가 너무 빨라서 3시간에 걸쳐 영화보다 더 선명하게 묘사해 주시던 사운드 오브 뮤직의 도레미송이 선생님 탁자 위 라디오에서 흘러나오고 그 음악에 맞춰 쌤이 새근새근 잠들어 계셨다. 어린 마음에도 그 얼굴이 너무 평화로워 눈물이 핑 돌았다.

"선생님예~, 동화 제가 할게예. 잘못했어예."

꼭 안아주시던 선생님의 품… 나도 국어선생님이 되어서 아이들을 따뜻하게 안아주어야겠다고 생각했다.

3학년이 되니 아주 아주 발랄하신 선생님이 오셨다.

나중에 결혼해서 혹 부부싸움을 하면 남편이 밥상을 집어 던지면 너희들은 아예 냉장고를 뒤집어 버리라고 얘기하셔서 우리를 모두 깜짝 놀라게 한 대범하셨던 선생님.

대학이라는 요원한 세계를 이야기 해주고 대학가요제 대상곡을 가져와서 우리에게 들려 주셨다.

'이 세상에 깊은 꿈 있으니 가득한 사랑의 눈을 내리고…. 상념의 방랑자되리라.'

또 다른 세상을 살짝 열어주시던 선생님….

그리고 연애편지 대필해준 이야기는 압권이었다.

아! 연애편지를 대신 써줄 수 있구나. 또 다른 나의 모습을 발견했다. 연애편지 대필이었다. 내가 쓴 편지를 들고 가서 좋아하던 남자친구에게 건네던 내 친구의 수줍은 미소가 글을 쓸 때마다 생각나 한동안 나를 오그라들게 했다.

나를 향해 누군가 눈 반짝여주고 내가 안아주고 싶은 착한 눈망울들을 만나고 올드 팝이나 포크 송을 들려주며 낭만을 이야기해주고 싶었다.

"지금 촬영하고 오는 길이야…" 하고 너스레를 떨던 선생님. 커튼 다 내리라 하고 영화이야기를 그림처럼 펼쳐주시던 선생님.

수다 떨며 젊은 시절의 꿈을 이야기해주시는 선생님들의 모습을 다 모아 모아서 나는 그렇게 할 수 있었을 것이다.

국어선생님이 되었다면….

누군가 말하겠지. 지금 국어 과목은 주요과목이라 시험에 무어 나오느냐 골몰하기 바쁘지 그럴 여유가 어디 있냐고….

그런 거 나는 모르겠다.

젊은 청춘들이 문학과 낭만과 사랑을 꿈꾸게 도와주는 사람이고 싶었다는 말을 하고 싶은 것뿐이다.

3.

어떤 그리움

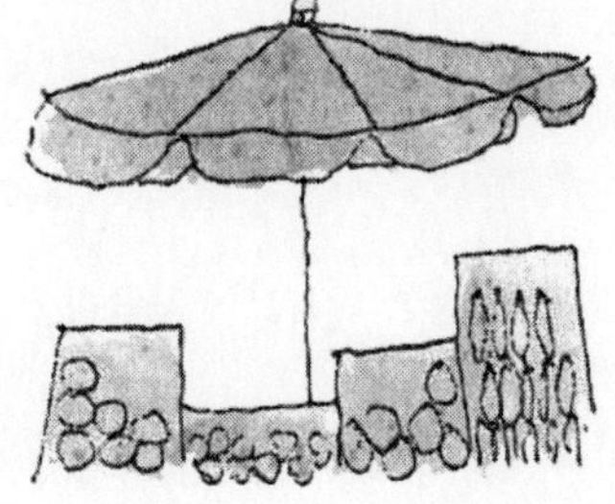

고향과 나이 든 부모님의 모습은 닮았습니다. 눈과 코에 익은 복숭아꽃 향기처럼 햇살 내린 마당처럼 오래된 초가지붕처럼 말입니다. 해맑은 동무들과 어른들의 너스레들이 고향 속에 묻혀 있습니다. 복숭아꽃 핀 마을은 어디나 고향 같습니다. 만나는 사람마다 등을 살짝 치면서 ‘이렇게 예쁜 꽃 보신 적 있나요’라고 묻고 싶고 술 익는 초당에서 마음껏 이야기 나누고 싶은 그리운 내 고향입니다.

나의 살던 고향은

복숭아꽃이 보송보송하게 피는 봄이면 내 고향 청도 출신 시인 이호우 님의 시를 떠올립니다.

살구꽃핀 마을은 어디나 고향 같다
만나는 사람마다 등이라도 치고 지고
뉘 집을 들어서면은 반겨 아니 맞으리

바람없는 밤을 꽃 그늘에 달이 오면
술익는 초당(草堂)마다 정이 더욱 익으리니
나그네 저무는 날에도 마음 아니 바빠라.

젊은 시절에는 버릇처럼 읊기만 하고 이 글이 주는 맛을 제대로 몰랐는데 한두 해 세월을 보내다 보니 참 기분 좋은 글인 것을 알게 됩니다.

각박해졌다라고 하는 말을 버릇처럼 하게 된 지금, 이웃에 누가 사는지 모르고 살아온 지 오래 되었지요.

어린 시절엔 이웃아이들과 어른들과 허물없이 정말 재밌게 살아가는 모습들을 보며 자랐는데 이렇게 재미없는 날들이 올 줄 꿈에도 몰랐습니다.

자유롭다는 건 속박이 없는 무한히 누릴 수 있는 나만의 넓은 세상 같지만 그 좁은 시골 터가 주는 자유로움이 얼마나 위대하였는지 깨닫기도 합니다.

등만 보고도 누구인 줄 알고 인사를 하고 목소리만 들어도 뒤돌아보지 않아도 대화가 되고 잠금장치 하나 없어도 도둑 이야기 한 번 나오지 않았던 그곳에서 마을어른들 다 모여 한 잔 하시는 날엔 우리도 덩달아 옆에 한 상 차려놓고 어른들 여가놀이들을 자연스레 배우며 자랐습니다.

옆집 친구가 싸리비로 맞으며 도망 다니는 소리, 사물놀이패 아저씨들의 꽹과리 소리, 도리깨질 하는 소리며 탈곡기 소리.

지금도 조금 남아 있지만 그 마지막 시골정서를 고스란히 겪은 세대라서 그런지 그 소리들은 하나도 소음이 아니었고 낭만이라는 이름으로 그 시절을 그리워합니다.

농사짓고 학교 다니는 친구들의 까만 얼굴이 하얗게 웃는 모습이며 군데군데 만화의 한 장면처럼 덧입혀 꿰맨 옷자락이며 친구 주려고 책가방 구석에 덜 익은 풋사과랑 자두를 수줍게 꺼내던 투박한 손. 살짝 구멍 난 검정고무신도 그립습니다.

아버지가 '옛날에는…' 하며 옛날이야기 꺼내시면 식상한 우리들이 '에이~' 했던 것처럼 내 아이들도 '또 시작이셔…'라고 분명히 말하게 될 날이 올 것 같은 예감이 들지만 어쩔 수가 없네요.

얼마 전 친정엄마랑 용암온천에 가서 물놀이를 했습니다. 노천탕에서 햇살을 받으며 있다가 눈만 빼꼼히 바깥을 내어다 보면 유명한 청도소싸움 축제장이 보이는 곳입니다. 도시보다 물이 더 깨끗해서 마음까지 투명해지는 느낌입니다.

온천 마치고 나오니까 엄마가 꽂이에 낀 오뎅(어묵)을 먹자고 하십니다.

"한 개 더 묵어라."

이렇게 말하는 건 엄마가 한 턱 내겠다는 말이지요.

나이든 모녀가 길거리에 서서 간장 콕콕 찍어 먹는 풍경…. 처음 해보는 일이라 눈물이 살짝 나려 했습니다.

사춘기 시절 국어선생님을 좋아해서 선생님댁 담벼락에서 소리 내어 한 번 불러보지도 못하고 돌아온 내게 내 행방을 모르던 엄마는 버럭 꾸지람으로 정신을 번쩍 차리게 해주신 적이 있지요. 그땐 아무리 변명을 해도 안 들으시더니 지금 엄마는 내가 무어라 이야기하면 무엇이든 다 들어주고 끄덕여 줍니다.

그땐 엄마가 너무 바쁘게 사셔서 재밌는 이야기 하나 나누지 못했는데 이제 여자끼리의 수다를 떨고 싶은데 엄마는 많이 늙어버리셨네요.

고향과 나이 든 부모님의 모습은 닮았습니다. 눈과 코에 익은 복숭아꽃 향기처럼 햇살 내린 마당처럼 오래된 초가지붕처럼 말입니다. 해맑은 동무들과 어른들의 너스레들이 고향 속에 묻혀 있습니다. 복숭아꽃 핀 마을은 어디나 고향 같습니다. 만나는 사람마다 등을 살짝 치면서 '이렇게 예쁜 꽃 보신 적 있나요'라고 묻고 싶고 술 익는 초당에서 마음껏 이야기 나누고 싶은 그리운 내 고향입니다.

어떤 그리움

어느 햇살 좋은 날에 한적한 길을 걷다가 예쁜 집을 지났다. 주홍빛 능소화가 하늘빛을 배경 삼아 빠르지 않게 흔들리고 있었고 너른 마당 한 켠에 털이 긴 견공 하나 게으름이 묻어나는 하품을 하고 있었다.

그냥 그 모습을 본 것뿐이다. 그 집은 창이 많았고 이층테라스가 있고 너른 마당 한 켠에 푸성귀가 자라고 있고 빨간 자전거도 한 대 놓여 있었다. 누구든 저런 집에 한 번 살아봤으면 싶을 듯한 그림 같은 모습이었다.

그 집 주인인 듯한 사람이 마당을 살피더니 활짝 함박웃음을 웃는 것을 보았다. 그가 왜 웃었는지 내 마음대로 생각해 보았는데 분명 그는 민들레나 채송화류의 작은 꽃을 발견했을 것 같다. 옛날 집 마당에서 쏟아지는 별빛을 보려 마당에 누워 웃던 내 모습이 저 모습이었을까.

예쁜 강아지 한 마리가 나와 책을 읽고 있는 주인의 손등을 핥고 있다. 주인은 정말로 무심하게도 그 행동에 전혀 반응하지 않고 책을 읽는다. 고요한 아름다움이다.

나는 왜 하필 그 길을 걸었을까.

예쁜 노랫말 '아름다운 나라 거기가 어디지 잡히지 않고 보이지 않는 거기… 번번이 길을 잃고 돌아오는 거기… 돌아보면 불쑥 한 발자국 앞에 다가서는 거기… 아름다운 나라…'

찾아 헤매다 만난 나라 거기가 여기인가….

그 길에서 나는 불쑥 가슴을 저미며 돌아서 걸어 나온다.

햇살에 고귀하게 핀 능소화꽃 그늘 아래에 실체를 몰랐던 묘한 슬픔이 나뒹굴어 회색빛으로 바래 있는 것을 본다.

볼 수도 없고 만질 수도 없는 그리움과 외로움은 차라리 슬픔이라는 생각을 했다. 햇살이 이리도 따스한 데 이 고칠 수 없는 병… 울컥병….

"이렇게 살려고 난 태어나지 않았어."

오래전에 어느 명상시간에 내가 의도하지 않았는데 이렇게 소리를 지른 적이 있다. 장사익의 「찔레꽃」과 창밖 빗소리의 어우러짐에 지독한 내 감성이 작동을 했었던 것 같다.

그 프로그램을 이끌던 그분이 내게 실컷 울라고 했다. 주위 동료들을 의식하지 못한 건 아니었는데 이해해 주리라는 믿음이 있었는지 속울음을 꺼내어 울었다.

이루지 못한 꿈이 나를 자꾸 목마르게 하는지 제대로 사랑받지 못하였다는 마음에 무언가를 자꾸 갈구하는지 온통 잠재된 욕구불만이 들끓어서 아름답고 신비하기만 한 그 언어 '그리움'이라는 이름을 마음대로 들먹이며 살았다.

긴 그리움의 터널 속에서 헤어 나오지 못하고 늘 허우적거리며 살았다. 매일매일 감상에 젖어 우체국 계단에서 편지를 써야 하고 동구 밖 느티나무 아래에서 우체부를 기다리는 마음으로 산다.

너무 밝아서 눈물 나고 너무 아름다워서 서럽다. 그 순간을 만끽하지 못하고 늘 애달픈 심정으로 나를 회색빛으로 이끌어 버리고 만다.

집으로 돌아와 먼지를 털고 청소기를 돌리고 땀 흘리며 닦고 또 닦아 본다. 샤워를 하고 시원한 얼음냉수를 벌컥벌컥

마셔본다. 깨끗해진 집안을 꽃밭을 둘러보듯 한 바퀴 돌아보는데 덜컥! 또 공허해지려고 한다.

친구에게 전화를 걸어 이 분위기를 벗어나 보려고 해본다. 어쩌면 이것은 우울인지도 모른다고 말했더니 네 스스로 우울이라는 말을 찾아내었으니 극복도 가능할 거라고 말해준다.

상담하는 친구답다. 그 말이 믿고 싶어진다.

"천성이 밝아서 떠들기도 잘 하는데 넌 참 극적으로 양면성이 있구나…."

능소화가 피는 계절이면 그 집 앞이 떠오르겠지.

또다시 능소화는 그리움이 되고 고칠 수 없는 병, 내 그리움의 목록에 더하기가 되겠다.

아버지란 이름으로

오늘도 딸아이는 아내와 내가 사는 집에 와서 이리 저리 돌아다니며 정리를 하고 있다. 특별히 내가 기거하는 방에 와서 아니나 다를까 또 다시 내 흡연문제를 들먹인다. 마치 자기 회사 흡연실 같다면서 제발 금연하라고 말을 한다.

내 인생의 낙 중에 담배피우는 재미를 빼면 별반 재미가 없을 텐데 그 담배 연기 속에 내 한숨도 다 숨겨 있고 빛바랜 벽지 속에 내 세월이 다 묻어 있건만 딸아이는 니코틴만 배어있다며 오만상을 찌푸리고 있다.

그래도 요즘은 반으로 줄였다고 딸아이 비위를 맞춰주었다.

요즘 남자들은 비흡연자의 피해 이러 저러 하면서 아내와 자식을 위해 금연을 결심한다지만 나의 시절이 한창이던 그 시대에는 그러지 않았다.

어리던 아이들은 내 눈치를 살피며 기침도 제대로 하지 않았다. 나의 심기를 건드리기 싫었던 것이다. 사실 오래된 권위가 존재했었고 아이들도 늘 그래왔던 것처럼 불편은 했겠지만 그것이 그리 큰 고민은 아니었을 것이라 생각한다. 그렇지만 이제 다르다. 네 명의 남자형제들 속에 혼자 자란 딸은 성인이 되면서 내게 무어라 무어라 잔소리를 하기 시작했다.

어린 시절, 하나 키우는 딸이 못내 걱정스러웠다.

낳으면 무조건 아버지가 되고 아버지노릇 잘할 것 같지만 내가 지르는 큰소리 속에는 두려움이 배어 있는 줄 자식들은 잘 모른다. 그 큰소리에 아이들은 반항하고, 반항하면 어떤 사건이 생겼을 테고 그러면 그걸 해결하는 연결고리들을 반복하면서 내 목소리는 더 커졌을 것이다.

옆에 두고 싶었지만 딸아이는 오빠들을 따라 도시로 공부를 하러 가겠다고 했다. 나를 두려워하면서도 결정적일 때 눈물로 우겨대는 딸아이를 말릴 수가 없었다.

옛 어른들은 딸들은 조금만 공부시키고 공장에 보내는 걸 많이 보며 살았다. 나의 누이들도 그랬고 다른 시골의 누이들도 거의 그랬다. 나도 그 말을 한 번 내뱉어 보았는데 딸아이는 아직도 그것을 기억하고 사람들에게 말하고 있는 모습을 본다. 아버지가 공장에 보내려고 했었다고….

사실 딸아이가 공장에 가겠다고 했으면 정말 보냈을지도 모른다. 내가 강경하게 케케묵은 옛날을 운운할 때 필사적으로 말려주는 아내가 있어서 더 강하게 밀어 붙이기도 했지만 보내고 싶은 것은 아니었다.

옛 어른들 살아낸 흔적만 따라가기도 힘든 가장 노릇이었다. 물론 아내도 당연히 힘들었겠다.

딸아이는 살아오면서 그리 나를 힘들게 하지는 않았다. 가끔 장학금도 받아오고 여러 가지를 배워서 직업도 몇 개 다양하게 누리는 것 같았다. 선머슴애처럼 자라는가 싶더니 그래도 천상여자처럼 여리기도 하다. 항상 마음 저리게 하는 딸이다. 그리고 내 마음을 조금 알아주는 것 같기도 하다.

어릴 때 자전거 뒤에 태우고 동네를 돌아다니기도 하고 약주를 좋아해서 여러 가지 안주거리를 만들면 옆에 앉아 내가 먹는 모든 것을 따라 먹는 아이였다.

시집가고 나서 가끔 친정에 오면 안주거리를 가져와서 나랑 대작을 해주기도 했다. 몇 년 전 지인의 차를 타고 가다 교통사고가 나서 입원하였을 때, 병문안 오던 딸아이는 생수병에 약주를 담아서 오기도 했다. 형제들에게 질책을 당하면서도 실실 웃는 모습이 나를 많이 닮았다고 생각했다.

그때 입원 후에 또 다른 나를 볼 수 있었다. 그렇게 무섭게 군대의 조교처럼 아들들을 다루고 아내에게 큰소리치고 내 호기를 마음껏 부렸지만 다 부질없는 일이라는 걸 어렴풋이 깨닫는 계기가 되었다.

그해 명절에는 오는 손님들을 많이 들떠서 맞이했고 두루뭉술하게 어울려 살자고 사람들을 다독이는 모습을 보면서 마음 변하면 죽으려고 하는 것이라는 옛사람들의 말처럼 가족들이 평소와 다른 내 모습에 걱정을 많이 했다는 이야기를 들었다. 그렇게 나이 들어가는 것인가 보다

정정하던 모습이 그립다고 말하는 딸아이는 무슨 마음으로 그랬을까! 늘 두려워했으면서 부모란 그런 존재인가 보다.

어릴 때 부모님을 여의고 삐뚤어 나가지 않고 가정을 이루고 동네사람들에게 자수성가했다는 좋은 평판을 들으며 살았다.

제대로 배웠으면 큰일 했을 사람이라는 말을 위로삼아 열심히 살았고 동네사람들과 잘 어울려서 전국방방곡곡 여행도

많이 다녔다.

아이들도 우리 어른들 노는 모습을 보며 생활을 배웠을 테고 그것들이 추억이 되어 나이 들어가는 아이들도 그 자식들에게 이야깃거리가 될 것이다. 다만, 좀 과격하지 않고 부드러우며 눈물겹지 않고 따스한 이야기를 많이 만들어 주었어야 했는데 그 시절 다 그랬다는 말로 위로해도 되려는지 안타까운 마음이다.

딸아이가 마음이 많이 쓰이는가 보다. 오른팔을 다쳐 힘겨워 하는 아내를 위해 같이 목욕을 다녀오고 엄마의 손톱발톱을 다 깎아 주더니 내가 좋아하는 부추김치를 담그고 있다. 엄마고생 많이 했는데 이번 기회에 아버지가 엄마 도움 좀 드리라고 그런다. 그런 말 하면서도 미심쩍은 얼굴을 한다.

그때 아내가 고맙게도 한마디 해 준다.

"옛날의 느그 아버지 아니다. 둘이 있을 때 이것저것 다 해주신다."

그라고, 안 해주면 우짤건데….

아내도 이젠 내가 만만해진 것이다. 사실 이렇게 나를 건드리는 말에 발끈하지 않는 내가 신기하다. 예전엔 험하게 대응했을 텐데 세월 앞에 어른이 되어가는 건지 늙어서 그런 것인지 나도 잘 모르겠다.

그런 것에 우발적이지 않고 권위가 앞서지 않으니 가족들이 다 편안해 보인다. 아버지의 위엄이 너무 없어도 질서가 잡히지 않는다는 말도 일리가 있지만 넘치는 위엄으로 가정을 싸늘하게 만들 필요는 없을 것 같다. 지금이라도 부드러움으로 남은여생이 덜 피곤하도록 해야겠다는 마음도 먹어본다.

딸아이는 부추김치를 다 담그고 마른 빨래를 곱게 개어 놓더니 길게 하품을 한다.

아내가 "너도 이제 나이 들었구나."라고 한다.

딸아이도 쉰을 넘기고 있다.

다음에 또 오겠다며 툴툴 털고 나선다. 가까이서 보면서 서로 부대끼면서 살면 좋겠지만 각자의 삶이 있으니 보낼 수밖에 없다. 운전해서 떠나는 모습에 슬쩍 회한이 서린다.

시골에 있다고 자식에게 보채지 않고 서릿발 세던 그 기력으로 아내와 잘 지내는 것이 자식들을 덜 마음 아프게 하는 것이라는 걸 새삼 생각한다.

차 한 잔 할까요

차 한 잔 할까요.

메시지창에 이렇게 썼다가 지웠습니다.

당신의 눈을 바라보면서 차를 마셔도 어색하지 않을 자신이 있어서 당신의 이야기를 마음깊이 채워나갈 준비가 되어 있어서 손가락으로 톡톡 버튼을 누르다 손전화기를 들고 앉아 있습니다.

오래된 명화를 볼 때처럼 필름 돌아가는 소리를 들으며 당신의 마음을 주르륵 펴서 시작과 중간과 마지막을 볼 수 있다면 얼마나 좋을까. 아이처럼 아련한 기대를 합니다.

당신이 실마리를 주지 않아서인지, 그게 실마리인지 모르는 것인지, 당신 앞에서 길 잃은 아이처럼 아무것도 못하고 이렇게 멍하니 있습니다.

하늘과 땅의 이치를 다 아는 나이라는데 사람 속을 하나도 헤아리지 못하겠으니 참 아둔한 사람입니다.

긴 겨울 보내고 햇살 아른거리는 봄볕에 앉아 뜨거운 찻물 위에 띄운 매화꽃봉오리 하나, 후다닥 서둘러 꽃잎 펴는 모습이 서럽습니다. 더 음미하라고 품어 내어 주는 향기가 더 서럽습니다.

내 의지와 상관없이 뜨거워 후다닥 당신 곁에 가서 앉아 속내 다 내보이는 고백을 하려는 나는 매화꽃차 같습니다.

금국 서너 송이 더운 물 속에 넣었습니다. 쭉정이처럼 가볍고 힘없던 모양이 금빛 색을 내면서 서서히 고운 모습을 드러냅니다.

오랜 시간 햇살과 조우하며 말라갈 땐 서러웠지만 지금 이렇게 천천히 자신을 보이며 찬란해지고 향기를 내는 모습이 침묵하며 미소 짓고 있는 당신을 닮았습니다.

커피 한 잔 하실래요? 하고 사람들은 용기를 내어 서로에게 다가섭니다. 비오는 날 습기가 딱 맞아 향기가 은은하게 가라앉는 날, 용감한 그들은 서로를 이야기하고 서로를 알아가고 사랑의 결실을 맺었습니다.

차 한 잔해요. 우리.

언제나 당신에게 마음으로 졸라대고 있는 나를 발견합니다.

이야기하고 또 이야기하고…. 그러면서 은은하게 우러나는 맛과 향기를 느끼고 싶습니다.

오늘 아침에도 일어나 수국차 한 잔 준비했습니다. 신부의 부케 속에 여러 색으로 우아하고 지성적이던 수국으로 만든 차는 여느 차보다 독특한 향기를 가지고 있습니다.

이해인님의 「아침의 기도」처럼 오늘 하루 만나는 사람마다 상처주지 않고 서로 배려하고 웃을 수 있기를…. 좀 더 지혜롭기를 내게 다짐하는 아침을 열어주는 차를 마시는 시간, 당신이 오늘 하루도 건강한 웃음 웃으며 늘 바쁘지만 즐겁게 지내기를 기도합니다.

그리고 또 허공에 말을 건넵니다. 차 한 잔 하셨나요.

차가 내어주는 향기가 무미건조한 삶에 습기를 주고 넉넉하게 해 준다는 사실을 알아 버린 후, 헛된 자존심으로 소리 없는 아우성으로 늘 당신을 바라보고 있습니다.

차 한 잔 같이 해요.

차라도 한 잔 할까요.

차만 한 잔 할까요.

차 마실 시간 있나요.

늘 되뇌고 있었다고 고백을 하면 당신은 미소 지으며 말할 겁니다. 진작 말하지 그랬어요. 난 늘 차 마실 시간이 있습니다. 그렇게 당신은 다정한 사람입니다.

사실 어느 여인이든 서쪽하늘 해지는 시간이나, 아까시꽃 향기가 나는 저녁이나, 보슬보슬 비가 내리는 날에는 서로 얼굴 맞대고 차 한 잔 하고 싶어 할 것이라는 것을 당신도 알 텐데, 유독 나만 그런 것처럼 호들갑을 떨어도 내가 소녀 같은 감성을 가졌다면서 높여주려 하실 테지요.

남을 높여주고 마음을 따뜻하게 해주는 당신은 저녁 즈음에 은은히 마시는 케모마일 허브차를 닮았습니다. 케모마일 꽃을 따서 말리던 농부가 어느 날 찻잔을 보며 말했답니다.

"이렇게 고운 모습으로 다시 만나게 될 줄 상상도 못했어."

고운 모습으로 우리 차 한 잔 할까요.

드디어 그 나이

50!! 드디어 새로운 여행이 시작된다.

누구든 갈 수 있지만 빨리 가고 싶어도 못 가고 늦게 가고 싶어도 못 가던 요원하던 그 세월 위에 섰다.

오늘 나는 새로운 길 위에 나를 세운다.

이전에 꿈꾸었지만 가보지 못했던 그곳을 혼자서 떠나보는 연습길, '도동 측백수림'이라고 검색창에다 썼다.

측백나무가 빽빽하게 심어져 장관을 이룰 것이다. 아무도 듣는 이 없는 곳에서 독백의 감탄사는 어떻게 나올까. 집에서 30분도 안 걸린단다. 오래전이라면 300분 걸리는 곳도

겁 없이 갈 수 있었는데 싶다.

차에 장착된 기계가 시키는 대로 움직이니 금세 도착을 한다.

참 쉽다. 그런데 인적이 드물고 차량들이 거의 안 보인다.

어디서 라일락 향기인지 풀꽃 향기인지 하늘거리며 오는 듯은 하다. 역시 낯설고 낯설다. 시간이 50이란 곳까지 올 동안에 나를 대담하고 용기가 더 있게 만들어 주었을 것이라 믿었는데 혼자 떠난 여행길에서 주춤거리다 순식간에 말머리를 돌리고 만다.

하릴 없이 가다 보니 팔공산 파계사며 동화사거리가 나온다. 시골밥상집이며 전통찻집이며 유기그릇 박물관이 보이니 이전에 와 봤던 곳이라 느긋한 마음이 된다. 혼자 떠나는 여행은 모험심도 동반해야 하는구나. 그것부터 준비해야 하나 보다.

50이라는 숫자가 주는 의미는 다른 숫자의 그것보다 다르다.

오래되지 않은 그 옛날, 평균수명이 그리 길지 않던 시절에는 많이들 그 나이 때에 노인대접, 또는 취급을 받았고 스스로 노인행세도 했다.

일찍 부모가 되고 조부모가 되었다.

이런 것들을 몰랐으면 몰라도 이미 알고 있는 바에야 나도 그 숫자 앞에서 그리 당당해지지 않는다.

어떤 유혹에도 흔들리지 않는다는 '불혹'이라는 말이 나한테 붙여질 때부터 또 다른 나이를 지칭하는 이 말들이 맞지 않는다며 사람들이 운운했었다. 그러니 지천명도 더더욱 맞지 않을 수밖에.

"열정. 감성보다 이성에 더 이끌려 지식 아닌 삶의 지혜를 드러내는 시기."라는 말에도 나는 선뜻 동감하지 못한다.

삶의 의미를 찾다 회의적이라고 푸념하면서 다른 이에겐 이성적인 사고에 이끌리는 척하며 행동하고 감성을 숨기며 사는 나와 맞지 않다. 정말 그런 '시기'라면 참 좋겠다.

매스컴에서 예전에 비하여 지금의 나이는 0.7을 곱한 나이라고 주장하는 것을 들은 적 있다.

50×0.7은 35세!

정말 이 공식대로라면 70세는 되어야 학식과 상관없이 가장 좋은 조언을 해줄 수 있는 그 진정한 나이가 된다.

팔공산 자락에는 미나리 재배를 많이 한다. 넓은 공터에 고만고만한 할머니들이 좌판을 펴고 앉아 미나리를 다듬으며 팔고 있었다.

"나이 들어 첨으로 재배해 봤는데, 생으로 먹어도 고소하고 디게 맛있어요."

비닐봉지에 미나리를 담으면서 한마디 더하신다.

"내가 이 나이에 뭐 하러 거짓말 하겠어."

의심한 적도 없는데 뜬금없이 하시는 말이 도시여자들에게 던지는 말인가 싶기도 하고 세상 사람들의 의심병을 두고 하는 말 같기도 하고 그런 시대를 거쳐 온 사람이라 그런가 싶기도 하다.

힘든 전쟁의 시기와 개혁의 시기들을 살아 내었고 50의 문턱도 어렵게 넘어온 세대가 무엇이든 못 미더워하는 세상도 살아내고 있는 세대라 서러울 지경이다.

이 할머니보다 더 일찍부터 못 믿으며 사는 병에 걸려 있는 나는 또 다른 제2의 50을 향해 그렇게 가야만 하는 것일까.

스웨덴의 어느 작가가 모든 굴레를 벗어나 있는 그대로의 자신으로 더욱 빛을 발하는 멋진 시기를 50즈음이라고 했다.

서두르지 말고 386의 낭만으로 소리 없는 작은 혁명도 일으키며 거짓 앞에서 입바른 소리도 하고 진실 앞에서 같이 목 놓아 외치고 따라오는 세대들에게 더 믿을 수 있는 세상을 줄 수 있는 노력을 해도 될 시기라고 하면 어떨까.

50이 말하는 "내가 늙나 봐."는 아직도 한창이라고 말하는 60대와 70대가 보면 기가 막히고 어이없는 말이라고 어른들이 말씀하시는 걸 들었다. 위로삼아 하는 말 같기도 하고 진심이 들어있는 것 같기도 하고….

그럼 늙지 않은 나는 어떻게 살까.

혼자 떠나는 것을 두려워 말고 이젠 30분 아니라 그 이상의 거리도 갈 수 있도록 흠 흠 헛기침 한 번 할 일이다

계절이 너무 쉽게 바뀐다고, 오늘은 어제 같지 않다고 굳이 입으로 되뇌지 말고 추수를 앞둔 곡식처럼 넉넉하게 바뀌는 계절에 잘 순응하면서 어제보다 조금 더 멋진 시간을 가질 일이다. 다른 이에게 더 좋은 조언을 해줄 수 있는 자양분을 만들기 위해서.

바닷가에서

낭만을 좋아하는 중년아줌마는 맨발로 해변을 걷는 장면 하나를 만들어 보았다.

가끔 부서진 조개껍질이 발가락을 자극하지만 넓은 발바닥이 간질간질하니 기분이 좋다. 소금기 가득해 보이는 바닷물이 쪼르르 밀려왔다가 아쉬운 듯 뒷걸음질 친다. 조개를 캐 보겠다면서 몇 몇이 저쪽 작은 섬 기슭을 첨벙이며 돌아서 가고 있다.

문득 옷이 젖으면 귀찮아진다는 생각을 한다.

큰 파도가 왔을 때 따라 들어가다가 미처 속도를 못 맞춰

소금기 가득해 보이는 바닷물이
자조르르 밀려왔다가 아쉬운 듯…

흠씬 다 젖었을 그때는 어땠을까. 그땐 분명히 큰소리로 웃어대며 이미 젖은 나를 더 젖게 만들어 버렸던 젊음의 열정이 있었을 것이다. 이젠 귀찮아 돌아서며 생각해 보니 지금이 아니라 이미 오래전에 그 열정이 없어져 버렸던 것이 아닌가 싶어진다.

십여 년 전에 두 아이를 데리고 서해바다 여행을 떠났다.

서해 무안 쪽엔 사람들이 거의 없었다. 장마철이었고 휴가기간이 조금 지난 시기였다. 밀물과 썰물이 교차하는 바다는 세찬 비에 희석되고 있었다.

집을 멀리 떠나와서 그랬는지 아무도 방해하지 않는 바다에서 머리는 비에 젖고 몸은 바다에 젖어서 여자 셋이 킬킬거리며 재미있게 물놀이를 했다.

비 맞으며 숙소까지 맨발로 걸어오다 누워보던 언덕, 습도가 거의 100%였던 방 안, 사방에 들려오는 비바람소리와 비에 젖은 대나무 부딪는 소리, 해질녘 등대 불빛에 내리는 빗줄기, 어느 하나 보송보송한 것이 없었지만 왠지 나를 서운하게 했던 모든 것들에서 도망쳐 나와 '자유'라는 이름의 포근한 모포 하나를 휘감고 꼭꼭 숨어있다는 묘한 편안함을 느꼈다.

물론 그런 감정은 오래 가지 않고 썰물처럼 밀려가 버린다는 것을 알면서도 등대 옆 무겁고 육중한 방파제처럼 한 번 지켜보려고 애를 썼던 것을 기억한다.

딸아이들과 이야기를 나누었다.

그들은 사춘기였지만 엄마를 이해하려고 했고 난 그들이 내심 나를 이해하지 않기를 바라기도 했다. 일찍 철이 들어 자기의 욕심을 뒤로 제쳐두고 배려하는 것만 일찍 배우는 것은 나만으로 족하다.

남들은 어른스러운 나를 칭찬했지만 나는 착한 사람 병에 걸려 아무것도 하지를 못했다. 부모에게 떼쓰고 얻어내고, 차지하는 느낌도 가져보고, 그렇다고 다 얻을 수도 없다는 것을 그 나이에 경험하기를 바랐다.

"엄마가 좋으면 그렇게 하세요."라고 그들은 가끔 말한다. 이런 넓은 바다 같은 마음이라니…. 온갖 생물을 다 품고 안 좋은 것까지 다 품은 밀물의 마음이란 얼마나 멋진 마음인가. 노력도 하지 않는 나는 그 마음을 부러워한다. 그러나 나이가 들어도 밀물 같은 마음이 되지 못했다.

착한아이라는 이름값을 꼭 하려고 했고 어른들의 불합리함도 참으리라 다짐했던 젊은 시절의 나를 버리고 썰물처럼 모래펄에 꿈틀거리는 생명이며 잡다한 찌꺼기까지 다 내어놓으며 아프다는 말을 하고야 말았다. 진작 아프다고 말하지 그랬냐고 몰랐으니 앞으로는 서로 이해하며 잘 해보자고 말해주기를 바랐지만 어찌할 줄 몰랐는지 내 주위는 전혀 요동치 않았다. 쓸데없이 일찍 철들어 버려서 자초한 내 삶의 방식은 앞뒤가 맞지 않았던 것 같다.

파도의 속도보다 내가 더 빠르다고 따라 들어가서 온전히 흠뻑 젖어 있었다.

엄마 좋을 대로 하세요.

그래 그러자. 그렇게 셋이서 떠난 서해여행에서 기대하지도 않았던 그 자유로움이 내 마음의 보석처럼 한 곳에 자리잡고 있다. 비 내리고 으스스하니 추운 날에 나의 십년 전 그 자유라는 이불을 다시 포근히 덮을 수 있기를 기대한다.

거제바다는 평온하다. 갈치배가 동해안의 오징어 배처럼 뜨거운 전등으로 바다를 밝힌다.

바닷가 마을엔 대나무 숲을 거쳐 온 바람이 불고 빨강 파랑 지붕 밑에서 바다사람들이 잠들고 있다. 한여름 피하고 싶던 태양열과 귀찮음과 잡아온 조개로 만든 음식들의 냄새도 다 사라진 시간. 바다는 또 무엇이든 품기 위해 또 무엇이든 내어놓기 위해 지금은 그저 평온할 뿐이다.

우울과 친구하기

희야, 나는 슬픔이라는 병에 걸렸다.

봄빛이 완연하고 노랗고 빨간 꽃들이 피는데도 나는 가끔씩, 아니 자주 슬프다. 나이가 들어버려 무디어진 가슴이 사춘기마냥 여리 여리해진 것은 아니고 그냥 근거 없는 슬픔이다.

애절함으로 명치끝이 아픈 슬픔도 있다. 연륜이라고 할 만큼의 나이는 있어서 다른 이의 슬픔을 알아채기는 하는데 동화되어 위로하려들거나 모른 척 해줄 줄 아는 어른스러움은 하나도 없고 그들이 울려고 하면 본인보다 더 서러워 울어버리고 만다.

눈밑에 찰랑이는 샘이 한 움큼 있는 것처럼 예정된 눈물을 흘려대곤 한다는 것이다.

차라리 비가 내립니다. 낙엽이 떨어집니다. 그래서 슬픕니다. 이런 슬픔이면 좋겠다. '감성이 풍부하시군요'라는 말을 많이 들었던 것과 일맥상통하니까.

하필 최근에는 동물 학대이야기나 아동학대 이야기들이 많아서 차마 보고 들을 수가 없다. 뉴스 헤드라인만 듣고 다른 데로 채널을 바꾸거나 신문을 놓아 버린다. 이만큼 살았는데도 금시초문의 일들이 자꾸 일어나니 감당이 안 된다. 자연스럽게 그 아이들의 입장이 되면서 매번 서럽고 무섭고 슬프니 어쩔 줄을 모르겠고 우리 집 강아지를 보면 왜 강아지로 태어났냐고 울먹이며 물어댄다.

누가 보면 정신적분석이 필요할 장면이다.

올해 신년기도회를 마치고 새벽 1시쯤 국도를 달려 돌아오던 길에 일차선과 이차선 사이에 가만히 서 있는 작은 고라니를 만났어.

조용한 새벽, 새해 첫날 내 운전석 옆을 천천히 지나치며 보았던 인형 같은 그 눈망울 잊을 수가 없다. 집으로 오던 내내 마음 졸였고 감당도 못할 걸 '데리고 와야 했나' 후회하며 몇 날을 마음 아팠어.

시골사람들에게 말했더니 다반사라고 하면서 배고파서 내려온 애들이라며 예사로 넘겨버리는 걸 보고 또 서러웠어. 차라리 그들의 예사로운 마음이 되고 싶더라.

무언가 부당해도 정당한 대우를 해달라고 주장하지 못하고 뒤에서 주절주절만 하는 사람들, 살아남아야 하는 가장의 무게를 술로 달래는 어른들을 보면 속상하고 슬프다.

하늘의 별따기인 직장은 보호막이자 굴레이다. 회사가 무어라 한 것도 아닌데 나도 내가 만든 굴레가 요즈음엔 힘겨우리만큼 싫다. 직장 있음에 감사하라고 주위에서 말들을 하는데 난 그저 버려진 것 같고 매사가 다 불합리해 보여서 슬프다.

희야 시골에 부모님이 많이 아프신 것 들었지?

본인들은 자식에게 폐 안 끼치려고 빨리 죽어야지를 반복하지만 당장의 고통이 싫어서 자기도 모르게 속상한 말들을 내 뱉으신다.

몸은 말을 안 듣고 머리는 청명하여 온갖 생각들이 떠돌고 여러 자식의 처지를 생각하며 더 나은 삶을 물려줬으면 하며 회한에 젖어 있다. 악착같이 일하며 우리 키울 때의 엄마의 강인함이나 호랑이보다 더 무섭던 아버지의 위엄은 찾을 수가 없다.

어느 날 손톱발톱을 못 깎으시겠다고 내게 손과 발을 내밀 때 얼마나 마음이 안 좋으셨을까.

예전엔 목욕탕에 가서 딸아이 등이라도 밀어 주었는데 이젠 그것마저 못한다고, 쓸모없는 사람이라고 자기 입으로 말할 때 얼마나 서러웠을까.

차라리 엄마 아버지 앞에서는 일부러 히히거리게 된다.

"뭐, 죽고 싶다고 죽을 수 있는 줄 아세요. 나이 들어서 아픈 것인데 뭐 어쩌겠어요. 하루라도 좀 덜 아프고 덜 힘들게 살도록 노력하고 기도하면서 살아야지요."

그러고는 돌아오는 차안에서 하염없이 운다.

효심이 넘쳐나서 우는 게 아니다. 그 상황이 너무 싫어서 운다. 명치끝이 아파서 운다. 이것이야말로 갱년기 증상이라고 생각하려 한다.

희야, 통화하면서 내가 화를 냈었지 회사의 어느 분이 내게 갱년기 증상이라고 대놓고 말씀하신 것…, 사실 갱년기일

가능성이 많다 여러 정황을 봤을 때…. 그걸 인정하면서도 나는 화가 난다. 왜 내 인생주기를 가지고 당신께서 이러 저러하시느냐며 대들고 싶었으니까.

가만히 생각해 보면 그 화나는 자체가 갱년기 증상이구만. 갱년기는 신체에도 이상이 있고 감정에도 이상이 있다고 그러는데 무언가 전문가와 상담을 해봐야 하는 문제인지도 모르겠다.

슬픈 눈을 하고 세상을 바라보면 다 슬프다고 한다. 난 지금 늘 슬픈 눈이고 직장이며 집이며 사람이며 짐승이며 모두 슬픈 상황이다. 노숙자가 슬프고 가난한 자가 슬프다. 구중궁궐 속 누군가 슬프고 베풀지 않는 자가 슬프고 있는 자의 심보가 슬프다. 만루일 때 타자에게 4점을 주는 투수가 슬프고 완주 못한 마라토너가 슬프고 잘 차려입은 자의 부자유스러움도 슬프고 잘 차려입지 못하는 사람의 부러움도 슬프다.

국가적 문제이거나 사회제도 이런 것의 불만 때문에 오는 슬픔이 아니다. 그저 1차원적인 슬픔이다 그냥 그들의 절망한 눈이 슬프다.

언젠가 읽은 책 제목이다. 『만 가지 슬픔』

혼혈인인 주인공의 그 많은 슬픔들에 마음이 아팠다.

그녀는 슬픔은 혼자 다 이겨내야 한다고 결론을 내리며 깨지기 쉬운 만족의 순간이 올 때마다 깊이 감사한다고 했다.

내가 이런 슬픔의 시간을 보내고 있다는 것을 아는 것은 행운이다. 슬프고 슬픈 것을 우울이라는 무서운 언어로 만들지 않으려는 내가 갸륵하다.

일부러 참으려 하지 않고 슬픈 대로 나를 버려두기도 하면서 나를 다잡는다.

우울과 친구하며 산다. 어른들에게 위로도 받는다.

> 너무 슬퍼하지 마세요. 세월이 다 해결해 줍니다.
> 살아계신 것에 감사하세요. 지금을 사랑하세요.
> 쇠해가는 피붙이를 보는 아픈 마음이 가볍지 않을 테지만 강도 흐르고 나도 흐릅니다.

이렇게 편지글로 써도 위로가 된다. 슬프다는 말이 난무하는 편지가 부담스럽겠지만 잘 들어주는 네가 한 번 참아주렴.

그리고 희야. 내 슬픔에 감정이입 되지 말고 너라도 웃어 줬으면 한다. 우리 어느 날 70대 노인이 되어 내 슬픔의 흔적을 이야기 할 때 옅은 미소 지을 수 있기를 간절하게 바랄게.

희야! 잘 지내렴.

인생길 친구

고요한 밤 거룩한 밤…

내 음악의 시작은 7살 때이다. 크리스마스이브축제 때 아기 인형을 살짝 들어 올리며 토닥토닥하며 '아기 잘도 잔다~'라고 부르는 귀여운 아이였을 때, 미용실에서 어른들이 고데기로 예쁘게 머리도 만져주고 립스틱도 발라주었던 그 기억부터 시작된다.

꼬까신 꽃밭에서

국민(초등)학교 4학년 때 담임선생님은 방과 후에 가끔 풍금을 아름답게 연주하셨는데 내게도 두 손으로 화음을 넣는 간단한 방법을 가르쳐 주셨다.

왼손으로 도미솔 도파라 시레솔…. 그때 배운 이 노래는 지금도 솔라 솔라 솔미레도…, 솔솔미 솔솔라 솔파미레미… 건반을 두드릴 수 있을 것 같다.

올림피아 마치

교내 악대부에 들어갔다. 실로폰도 하고 하모니카도 불었다.

가을 운동회 때 행진하며 연주하는 그 멋진 일은 신기하고 또 신기했다. 그땐 모두 리코더나 멜로디온, 캐스터넷츠, 트라이앵글, 심벌즈, 북 등으로 구성이 되었다. 어른들의 브라스밴드하고는 차원이 다르지만 묘한 매력이 있었다.

푸른 목장

중학생이던 오빠의 음악책을 뒤져서 배운 포스트의 올드블랙 조와 보헤미아 민요 푸른 목장이라는 노래가 있다

'오 푸른 바람 불어와 푸른빛 물결 일으킨다네…'라고 시작되는 이 노래를 5학년 때의 친구들과 같이 배워 학교 뒷산

너머 보리밭에서 엇갈린 팔짱을 끼고 돌면서 불렀다.

이 모습은 흡사 사운드 오브 뮤직의 한 장면처럼 회상되는 멋진 나의 연출이다.

보리밭을 가로질러 우르르 뛰어 다니면 아저씨가 이놈들하고 쫓는 척을 해주셨고 우린 돌고래 소리를 내며 우르르 도망 다녔다. 그때 저 멀리서 지켜보던 우리들의 짝사랑들도 같이 팔짱을 끼고 돌고 있었다.

목장의 노래

중학생이 된다. 음악실이라는 곳으로 우르르 몰려가 수업을 받는 일은 얼마나 신이 났던가. '내 고향으로 날 보내 주' 등의 흑인노래는 사춘기에 딱 맞게 내게 와 주었었다. 3학년 교내합창대회 때 갑자기 우리 반 지휘자가 중도에 포기하는 바람에 지휘봉을 물려받아서 대회에 나갔다.

4분의 4박사 빠른 노래- '흰구름 먹구름 시원한 바람에 양떼들 풀 파도 언덕을 넘는다….'

지휘를 하다니, 3학년 내내 난 4분의 4박자 빠른 템포의 시간들을 보냈다.

임이 오시는지

여고 시절에 합창대회에 나가서 2등을 했다. 그네타기를 주제로 하는 '추천가'와 지정곡 '물망초 꿈꾸는 강가를 돌아~' 라는 이 세련된 가곡을 스물이 되기 전에 하모니의 맛과 함께 제대로 알게 되었다.

양산도

여고 시절 생활관에서 2박 3일 생활하고 마지막 날 부모님 초청하는 날은 기막힌 잔치였다. 장르의 다양화를 추구한다면서 요들송과 가곡 가요 팝송 다 나왔는데 내가 하고 싶은 가곡은 가위 바위 보로 빼앗기고 나는 민요에 당첨되었다.

떨어져 살아서 내 사춘기를 못 본 엄마는 깜짝 놀랐다고 했다. 나도 내가 '양산도'를 부를 줄 꿈에도 몰랐으니까.

가사 뜻도 모르면서 '에히이~요 양덕 맹산 흐르는 물에…' 라고 불러댔다.

어릴 때 동네 어른들 모여서 부르실 때 서당 개 삼년 식으로 배운 노래다.

홍콩아가씨

물리시간에 불려나가 부른 이후로 교무실에서는 물리선생님이 그 반에 딴따라 있더라는 말을 하셨다고 한다.

이래 뵈도 난 딴따라 소리를 들어본 여자다!!

그리고 대학 들어와 신입생환영회 때 그 딴따라 기질을 발휘해서 이 곡을 불렀고, 그로 인해 지어진 닉네임은 떼어지지 않고 이곳저곳 실력이 아닌 재미로 불려가 몇 번 부르게 된다. 대선배 초청회에서도 여지없이 불러야 했는데 약간 정통의 노래가 아닌 끼워부르기 대접이었음을 부인할 수 없다.

옛 시인의 노래

기숙사 옆방에 다른 대학 학생회대표를 하던 오빠야는 대학 축제비용을 절감하려고 가수를 섭외하지 않고 나랑 친구를 섭외했다.

아주 낭만적인 이 노래를 선곡했고 열심히 화음 넣어 연습을 했지만 당일 친구가 무서워서 무대에 못 서겠다며 나를 버리고 도망가는 일이 생긴다. 그러나 나도 몰랐던 어떤 대범함으로 8인조밴드가 깔아주는 음에 혼자 기어코 그 노래를 부르고 만다.

이게 드라마라면 내가 노래를 아주 잘해서 누군가의 관심을 끌어서 가수의 길로 가거나, 멋진 남자가 와서 노래 잘 들었다고 프러포즈를 해야 하겠건만, 아무 일도 없었다는 사실….

합창단

합창에 들어가 3부 합창부터 시작해서 4부 합창을 연습하고 공연했다. 동요부터 미사곡까지 그리고 맘마미아를 뮤지컬식으로 율동하며 부르기도 했다.

지역오페라단에서 만든 창작오페라에 단원 모두가 엑스트라출연도 해보았다.

제각기의 음들이 모여서 조화를 이룰 때의 쾌감이란 느껴본 사람만이 안다. 듣는 것만으로 알 수 없는, 부르면서 들려오는 하모니를 느낀다는 것은 멋진 일이다.

다음에 생이 있다면 제대로 된 음악공부를 했으면 하는 바람을 이야기하기도 했던 좋은 추억이다.

비가 오는 날은 비 노래를 골라서 듣고 우울한 날엔 어릴 때 롤러장에서 듣던 올드팝 댄스곡을 듣기도 하고 어느 날엔 하루 종일 조수미곡만 들을 때도 있다.

어설프게 배운 기타를 튕기며 부르는 포크송의 맛도 꽤 괜찮은 맛을 낸다. 나이 들어가며 손가락이 말을 잘 안들을 때까지 딩가딩가 할 거리를 만들었다.

노래도 아직은 얼마간 더 부를 수 있지 않을까 한다.

고음을 내다가 돌고래 같은 목소리를 내어야 할 때면 초등학교 시절 보리밭 주인아저씨를 피해 도망 나오며 지르던 그 목소리를 기억한다. 오선지 악보에 아주 복잡한 기호들이 많이 쓰인 것을 보면 노래도 어렵고 배우기도 어렵다.

삶으로 보자면 인생길에서 조금 더 높이고 조금 더 낮추고 다시 돌아갔다가 아주 세게 치닫다가 부드럽게 돌아오고, 느리게 가다가 빠르게도 가는 복잡함이다.

오묘한 오선지의 진리는 볼수록 빠져들면서 더 잘 부르고 싶은 욕망이 생기게 한다.

인생길에서는 그 복잡함들을 해결하며 더 잘 살아보겠다고 하는 다짐처럼 되기도 할 것이다.

요즈음은 가곡을 배우고 부르려고 월요일 저녁마다 문화센터에 간다. 어릴 때 배운 '선구자'부터 최근 '10월의 어느 멋진 날' 까지….

그리고 전혀 몰랐던 귀한 음악들을 만난다.

전문가가 가르쳐 주며 같이 합창하는 그 장면은 누가 나를 끌고 가서 앉혀 놓은 것이 아니라 이미 예비 되었던 것처럼, 꼭 맞는 퍼즐그림처럼 느껴진다. 같이 배우는 그분들의 열성까지 합하면 더 할 나위 없는 노래 인생 속 한 장면들이 연출 되어 지는 것이다.

내 인생을 연출하라면 주인공은 노래라는 친구이다. 인생길 친구인 노래는 나를 울리고 나를 감동시키고 나를 웃게 만들었다. 마지막엔 제대로 된 뮤직드라마 한 편이 나올 것이다.

낭만을 위하여

"보리가 익어가는 소리가 들립니다. 민들레가 기지개를 켜는 소리가 들립니다."

1977년 중학교 1학년, 봄을 주제로 한 백일장이 열렸다. 200자 원고지를 나눠 받아서 학교 뒷산 작은 소나무 아래 자리를 잡았다. 소나무에 살짝 기대어 연습장에 봄을 적어 내려가노라면 정말 보리가 꼬물 꼬물거리며 싹틔우는 소리를 들은 듯했다.

엄마가 봄이면 박재란이 부른 "산 너머 남촌에는 누가 살길래 해마다 봄바람이 남으로 오네." 하고 부르시곤 했는데 정말 봄바람이 향기를 모아 내가 있는 남쪽으로 오는 것 같았다.

백일장에 당선되고 어깨가 으쓱했다.

좋아하는 국어선생님 앞에서 몹시도 자랑스러웠다.

다음 행보는 늦은 가을 경주 신라문화제 백일장!

아침 일찍 출발하면 경주까지 갈 수 있었으나 나의 고질적인 차멀미를 빌미로 국어선생님은 1박 2일의 출장권을 얻어내었는가 보았다. 그날 저녁 선생님의 친구커플이 찾아와 난생처음 보는 승용차에 선생님과 나를 태우고 밤길을 달렸다.

뒷자리에 앉아서 검은 길에 자그맣게 서 있는 오렌지빛 반사등이 헤드라이트가 비칠 때마다 경례하듯 반짝거리다 사라졌다. 굵은 플라타너스 이파리가 빛 속으로 툭툭 떨어질 때 조금 무서웠다.

그날 저녁 내가 처음 지난 그 길은 내가 기억 못하는 다른 무슨 일들을 또 내게 보여주었을까. 그 장면은 오랜 세월 속 경주라는 이름이 나올 때마다 함께 늘 등장하는 배경화면이 되었다. 어려서 동네 밖 세상을 모르던 시골아이가 선생님만 의지하고 집을 나선 생애 첫 여행의 장면이었다.

조용하고 허름한 여관에 짐을 풀었다.

상의를 벗고 중절모를 쓴 '찰슨 브론슨'의 얼굴사진이 한쪽 벽에 걸려 있었는데 선생님은 나더러 고개를 들지 말라고 눈에 힘주어 말씀하셨던 것 같다.

그들은 나에게 문 꼭 잠그고 있으라고 하고 차를 마시러 나갔다.

혼자 있는 낯선 방. 낡은 벽 냄새, 자그마한 창문, 겁도 없이 나는 그곳에서 왠지 편안함을 느꼈다. 다른 대다수의 아이들이 경험하지 않은 일을 하고 있는 것과 혼자 가슴 콩닥거리며 맛본 적막감과 외로움 일부러 느끼려 해서 느낀 것이 아닌 가족에게서 떠나온 것에 대한 묘한 해방감 같은 것이었다. 물론 찰슨 브론슨의 사진은 뚫어지게 바라보았다. TV에서 화장품 광고하는 것을 본 적이 있었다. 그가 내게 눈을 찡긋 해주었다.

아침에 멀미기운 없이 화랑교육원 뜰에 모였을 때 각 학교의 아이들이 인산인해를 이루었다. 주르륵 시제가 우리 앞에 펼쳐졌는데 그때 이런 제목이 제시되었다.

'점' '잎' '창'.

외자 제목이 주는 묵직함에 마음이 무거웠고 솔직히 감당하기 벅찬 그 글자들이 물 위에 기름처럼 둥둥 떠 있는 것 같았다. 가볍고 발랄하고 서정적이던 소녀는 갑자기 '잎'이라는 제목에서 오 헨리의 '마지막 잎새'를 떠올리고야 말았다.

결말부분에 마지막 빗속에 그린 나뭇잎과 혼을 불살라 죽음까지 간 예술가의 열정을 온전히 이해할 수 없었지만 아주 어둡고 아주 멋지고 아주 낭만적인 경험을 할 수 있었다.

지금도 어렵기만 한 예술이야기를 그 당시에는 아마도 단순하게 '슬픔'으로 해석을 했었나 보다.

시작노트가 분실되어서 그 작품이 없는데 '이젠 죽어야지 하며 돌아누우시는 할머니의 등에서 마지막 잎새의 슬픔을 보았다'라고 쓴 건 기억이 난다.

으으으~~ 하며 이불을 걷어차고 싶은 문장이지만 발랄했던 내 속에도 분명 슬픔이 있었다는 것을 이 기억 속 문장 하나로 나를 돌아 볼 수 있었다.

아들이 넷이고 딸 하나로서의 귀여움을 받았으면서도 남아선호의 여파가 진하게 남아 있었고 부지불식중 깨달아지던 그 서러움과 가끔 내 존재가 과연 필요한가까지 가는 서러움이, 부모님이나 어른들이 의도적으로 준 적 없는 자격지심이 었음에도 불구하고 내 속에 늘 내재되어 있었다. 공부하고 있는 모습보다 설거지하고 있는 모습에 더 만개하고 웃으시던 아버지의 모습을 기억하는, 여자아이로서의 내가 싫어서 그렇게 몸부림을 쳤던 것 같다. 17세 때의 내 연습장에 빽빽하게 쓰여진 '나는 살고 싶다'라는 낙서들은 죽을 고비를 만난 처절한 환자였고 마지막 잎새를 모르게 그려준 어떤 존재가 있어서 나의 사춘기는 잘 지나갔을 것이라고 믿는다.

그러면서도 도시아이들의 회색빛과 검은빛의 시(詩)들은 더 몸서리쳐지는 무서움이었다. 고등학교 시절부터는 시를 쓰지 않았다. 아스팔트와 시멘트벽이 주는 각박함을 음울함과 단절의 의미로 부여하는 중의적인 표현이나 은유적인 표현들은, 그저 하늘과 산과 강 이야기하기 바쁜 내게 어울리지 않는다고 생각했다.

"해바라기 아저씨가 색시 찾고 있네요/ 예쁜 채송화 아가씨 심어 주었더니/ 마음에 안 드는지 여전히 찾고 있네요."라고 초등학교 때 시를 쓴 깜찍한 나는 어디로 가버렸을까. 시를 써보겠다며 '운문부'에 들어갔던 어린 아이는 지금, 그때가 얼마나 아름다운 날들이었는지, 어린 시절, 때 묻지 않았던 미각과 시각과 촉각을 조심스레 하나하나 떠올리며 이렇게 수필을 쓰는 낭만적인 아줌마가 되었다.

아이들을 자연으로 데려가 시를 쓰게 한 선생님들과 어린 아이 데리고 글짓기대회에 간 선생님과 그의 친구들과 글짓기 대회에 모였던 글쟁이 청년들, 사춘기를 두려움과 눈물로 이겨내고 서정적으로 겪어낸 청춘들이 모두 낭만이다.

남존여비사상이 아직도 존재하긴 하지만 온전히 받아들이며 느끼며 견뎌내며 살아온 우리의 여성들도 애틋한 낭만가객이다.

- 이제 더 이상 생선가게 털지 않아 서럽게 울던 날들 나는 외톨이라네/ 이제 바다로 떠날 거예요 거미로 그물 쳐서 물고기 잡으러 나는 낭만고양이 -

- 궂은 비 내리던 날 그야말로 옛날식 다방에 앉아
실없이 던지는 농담 사이로 슬픈 색소폰소리 들어보렴 -

나이가 이만큼이 되어서도 가끔 17세 때의 극적인 생각들이 발효될 때 낭만이라는 말이 들어 있는 노랫말로 덮어씌우기를 해 보려한다. 글을 쓰면서, 또 내가 쓴 일기나 글을 보면서 나를 찾아가는 일은 낭만적인 일이다.

써니의 아름다운 날들

"교양시간에 배운 인간의 감정 5단계. 이런 것들이 떠올려지지도 않았어요. 당장 마음속에 생긴 이 무거운 감정들이 무엇인지 들여다보고 마음을 잘 다스리려고 해 보았죠. 괜찮을 거라고, 잘 견뎌내라고 하는 의료진의 말들이 하나도 와닿지 않았어요."

그때 심장이 10센티미터쯤 툭 떨어지는 것을 느낀 것 같다고 그가 처음을 떠올려 주었다.

복숭아꽃 라일락꽃이 한창이던 어느 오래전 봄날에 합창모임에서 그를 처음 만났다. 사람 좋은 얼굴을 하고 눈은 반짝였고 미소를 짓고 있었다.

그리고 A라는 사람의 이야기를 들려주었다. 그는 의사에게 진단을 받고 갑자기 흥청망청 대책 없이 살기 시작했다고 했다. 살면서 아끼느라 못해본 것들을 해보겠다며 부질없이 마구마구 저지르기 시작했던 것이다. 저러다 말겠지 싶었으나 점점 더 이성을 잃어갔고 집안은 풍비박산의 지경까지 이르렀다고 했다.

B이야기도 해주었다.

그는 우리 주인공의 친구인데 얼마 전 정년퇴임을 하고 넉넉한 연금을 받으면서 멋지게 노년을 누리는 꿈을 실현할 수 있게 된 시기였다고 한다. 그는 진단을 받았고 자포자기했고 자신감을 거의 잃고 두문불출하며 동굴 속으로 숨은 듯 살고 있다고 했다.

우리가 이런 분들과의 인연이 있다면 작은 말에도 상처를 입을 수 있다는 걸 알기 때문에 그냥 침묵하거나 어쩔 수 없는 상황에서는 용기를 아주 많이 내어 말해야 한다.

"이럴 때일수록 긴장하시고 앞으로 어떻게 해야 할 지 계획을 잘 세우셔야죠. 이 분야의 전문의를 만나 치유방법을 모색하고 적극적 치료에 힘쓰고 긍정적인 사고방식을 가지고 힘을 내셔야 해요."

도무지 알 수 없는 그들의 마음을 읽는 척이라고 해주려는 모습은 차라리 고문일 것이다.

그렇지만 우리의 주인공 '착한'씨는 그러지 않았다고 했다.

이성적 판단을 잘 하시는 분이라 마음을 잘 가다듬고 무언가를 계획을 세워 잘 도모하신 듯하다.

환우들 모임에 적극적으로 참여하거나, 병에 대한 지식을 확보하고, 학회에도 참석하고 정보를 나누는 모임의 리더가 되어 모든 상황을 같이 나누는 일을 시작했다고 했다.

우리들은 가끔 착한씨와 만난다. 그는 규모가 작지만 음향시설들을 차에 가지고 다닌다. 기타와 색소폰도 있다. 가끔 노인요양원이나 노인대학가서 우리의 부종목인 트로트를 재밌게 부르고 오곤 했다. 정기적으로 장애시설에 가면 반주를 도와주거나 같이 불러주거나 독무대를 만들어 주면 그 친구들이 그렇게 신나게 놀며 우리를 끌어들인다.

역시 대한민국은 흥의 나라구나 농담하다 보면 우리도 우리 속의 또 다른 흥을 발견해내고 신나게 놀고 온다. 착한씨도 자기를 내려놓고 같이 논다.

착한씨와 같이 듀엣도 했다.

어린이합창단 정기발표회에 막간에 건전한 포크송을 불렀고 시인들 모임에 가서 서정적인 포크송을 연주하고 오고 역사 깊은 송년동창모임에 가서 우정 어린 노래도 같이 불렀다. 착한씨와 노래를 부르면 그가 아직 건재하다는 걸 느낄 수 있어서 좋았다. 노래를 좋아하는 나를 위해 그는 늘 건재해야만 했다.

나는 어떤 악기보다 더 아름다운 듀엣의 화음을 너무 사랑한다. 그래도 그는 혼자서도 잘 다닌다.

그가 상세하게 말해주지 않아서 우리는 그의 몸 상태를 잘 알지도 못하지만 그가 색소폰을 배운다고 했을 때 호흡이 가능한가 걱정만 했다. 그러나 거뜬히 배워서 피아노와 기타와 협연까지 했다고 했다.

시간이 흘러 어느 시점에 왔을 때 점점 무기력해진다고 말할 때 겁이 났다. 내성이 생길까봐 약 먹는 횟수를 줄였더니 견디기가 점점 힘들어지고, 또 점점 복용횟수도 늘려야하고 그만큼의 효과도 없다고 하니 더 겁이 났다. 그런 중에도 등산을 했다고도 하고 인생 버킷리스트의 하나인 외발자전거도 섭렵했다고 하고 운동장에서 텀블링을 하는 장면까지 녹화해서 보내주기까지 했었다. 지난 몇 년 동안 그의 부단한 노력의 결과를 보며 우린 모두 놀라기만 했다.

나누는 것이 생활이 되어 있는, TV에서나 봄직한 일을 우리는 영광스럽게도 가까이에서 지켜볼 수 있었다. 그 맑고 밝은 웃음 뒤에 감춰진 고통을 제대로 알아주지도 못했는데 그는 늘 함께해 줘서 고맙고 미안하다고만 했다. 이기적이고 완악한 우리들의 모습을 착한씨 앞에선 살짝 숨겨둘 수밖에 없었는데 당황스럽게도 그는 우리들을 천사라고 사람들에게 소개하고 있었다. 몹시 부끄러웠다.

가끔 이런 생각을 했다

착한씨가 건강하시다면 참 좋겠다. 지금처럼 허술한 모임 말고 제대로 된 봉사단체 하나 만들어서 좋은 일 많이 하고 더 행복할 수 있는 일을 많이 만들 수 있을 것이다.

하나님이 교만하지 않고 겸손하게 살라고 이런 병을 주신 것 같다고 그가 어느 간증시간에 말했던 적이 있다. 병을 주시지 않았어도 그는 겸손이 넘쳐흐를 사람이다.

가끔 손발이 말을 안 듣고, 굳고, 흔들릴 때나, 노래 부를 때 안면근육이 굳는 모습들을 보면 참 마음이 아팠다. 그래도 진정시킬 수 있는 완화제가 있어서 작은 계획도 세울 수 있었으니까 얼마나 다행인가. 우리가 알기로는 백두산도 유럽도 인도도 최근 몇 년 동안 다 다녀오셨다고 했으니까 작은 계획도 아니다.

'여행 떠나는 자가 부럽네요'라고만 말했지만 속으로 혹시 안 아프신 것 아니야? 싶을 정도로 뜬금없이 안심이 되기도 했다.

최근에 만났을 때 인도에서 돌아오는 비행기가 기류에 흔들릴 때 이대로 쿵! 했으면 좋겠다는 생각이 들더라는 말을 했다.

긍정적인 착한씨의 입에서 그런 말이 나오니까 속으로 내가 쿵! 하는 마음이 되었다. 누구든 생명의 끝은 있기 마련이다. 아등바등 욕심을 내며 안달하다가 허튼 시간을 보내는 사람도 비일비재한데 착한씨처럼 장애우와 등산을 하고, 생활 속에서 이익이 나오면 기부도 많이 하고, 힘든 일 당한 자들을 일일이 위로하고, 빨간 바지에 베레모 쓰고 어른들 앞에서 삐에로처럼 재롱도 부리며 시간들을 채워나가는 아름다운 일을 하는 사람이 그런 무서운 말을 슬그머니 꺼내 놓으니 몹시 당황스러웠다.

"쿵! 하면 착한씨만 쿵! 하는 것이 아니거든요?" 하고 웃어 넘기긴 했지만 말을 아끼던 분이 오랜만에 꺼내놓은 말 속에 절망감을 발견하고는 내내 마음이 쓰였다.

약 5년 전쯤에 '5년 후면 어쩌면 몸이 굳어 휠체어를 타게 될 지도 모른다'고 착한씨가 말했는데 얼마 전 만났을 때 또 5년 후면 요양원 같은데서 요양을 시작해야 할지도 모르겠다고 한다. 5년이 지나면 또 다른 5년이 온다는 걸 그때 깨달은 사람처럼 묘하게 그 5년이라는 말에 내가 위로를 얻었다.

왜냐하면 그 말을 처음으로 한 지 5년이 지났지만 그는 휠체어를 타지 않고 있고 또 5년이 지나도 요양원에 안 갈 수도 있다는 생각이 들었기 때문이다.

지나간 5년보다 또 다른 시간들이 더디 와서 쏜 화살처럼 가 버릴 수도 있겠지만 남은 날들을 초긍정적인 마음과 힘으로 부단히 노력하면 이겨낼 수도 있지 않을까 기대한다. 사람이 아프면 천국과 지옥을 왔다 갔다 하는 게 맞는가 보다. 죽고 싶다가, 또 더 살고 싶다가 하는 그런 혼란의 감정들이 이해가 되려 한다.

역경을 이겨내고 더 이상의 고난은 없을 것이라 믿으며 사는 사람과 그 겪었던 고난들이 너무 싫어서 삶을 그만두고 싶은 사람이 있는가 보다.

착한씨가 고통을 인내한 것만큼 우리는 그만큼의 감동을 얻었고 감사를 배웠다. 5년씩의 추억을 만들며 온전히 닮아지는 우리들이 될 수 있기를 기대한다. 착하고 아름답고 멋지게 살아온 그에게 박수를 보내고 싶다.

가까운 미래에 더 좋은 치료약이 개발되어 완치되는 기적이 일어날지도 모른다. 어쩌면 그 병과 친구가 되어 잘 지내며 살아 갈 수 있을지도 모른다. 그가 같이 해 온 다른 튜율립을 사랑하는 환우들의 바람일 것이다.

우리의 착한씨에게 사랑의 마음을 모아 화이팅을 보낸다.

이름에 빛 광(光)자가 들어가서 별명이 sunny, 그의 이름은 몹시도 밝은 써니이다.

능소화 화려하게 핀 그의 정원에서 늦은 봄날 차 한 잔 하며 앞으로 다가올 많은 봄날을 다시 기약하며 노래 한 곡 부른다. 오 솔레미오….

파킨슨병을 이겨내고 있는 우리의 주인공 써니님께 바칩니다.

향기 나는 말

예쁜 말만 하며 살 수는 없지만 굳이 예쁘지 않은 말을 찾을 필요는 없다.

세상풍파에 시달리며 살아남기 위해서 악을 쓰며 살아야 했다 해도 굳이 상스러운 말을 하며 자기방어를 할 필요는 없다. 이성적 표현을 하자면 지혜로움을 발동하여 상대방을 순화시키려 해 보거나 설득하거나 감동시켜 보아야 한다. 이도 저도 안 되면 침묵하거나 말을 아껴야 한다. 주저리주저리 이야기를 반복하다가 낭패를 당하는 일들이 많이 일어난다.

예비 시어머니는 내게 이렇게 말하셨다.

"우리 아들은 급할 것 하나도 없다. 다만 네가 너무 늙어 갈까봐 우리가 서둘러 주는 것이다."

착했던 나는 "네"라고 대답해야만 했고 대문을 나서면서 가슴 먹먹함을 느껴야 했다.

사랑이라는 이름으로 결혼이야기가 나오긴 했지만 과연 결혼이라는 것을 해야 하는가. 저 대문을 열고 들어가서 19세기를 다시 살아야 하는가 하는 궁극적인 의문까지 동원되었다.

'아직 결혼을 서두를 나이가 아닌데 우리 아들이 자꾸 서두르는구나. 이왕 말나온 김에 더 나이 들기 전에 식을 올리는 것이 어떨까 한다.'

이런 말을 해주면 얼마나 좋았을까 하고 생각했다. 시대의 정서가 그래서 어쩔 수가 없었다. 지금은 여성들이 서른이 넘어도 덤덤한 나이인데 그때는 25세만 넘어도 노처녀소리를 들을 때였다. 석연치 않아했던 부모님과 생각도 없었던 결혼을 무리하게 강행하면서 많이 서글펐다.

그 후로도 시어머니는 모든 것을 남편위주로 말을 하셔서 늘 두려웠고 감당하기 어려웠다. 왜 그렇게 말씀하셔야 했냐고 한 번 따져 묻지 못하고 착해야만 했던 젊은 시절의 나는 보이지 않는 곳에 먼지가 켜켜이 쌓이는 것처럼 자꾸만 서러움도 쌓여 갔다.

별이 쏟아지는 도시에 가볼까? 별이 바람에 스치운다. 하얀 별빛이 쏟아지는 은은한 곳에서 영원을 기억하는 하늘과 바람과 바다.

지칠 때마다 가끔 나를 정화시키는 별과 아름다운 이름들을 떠올린다.

하얗지 않니? 파랗지 않니?라고 누군가가 하이톤으로 물어주는 모습이 너무 예쁘고 상큼하고 달콤하고 싱그럽다. 그렇게 감미롭게 말하면 듣는 중에 향기가 난다. 우리가 잘 아는 하늘, 바람, 바다보다 더 광활한 우주의 아름다운 언어가 있고 우리가 잘 아는 별들보다 더 반짝거리는 언어가 반딧불이처럼 날아다는 그런 세상에 서 있고 싶다.

과격하거나 막말을 하지 않으면 자신이 얕잡아 보인다고 생각 하거나 현실적으로 예쁜 언어만 사용하면서 살 수만은 없다며 고개 젓지만 말고 예쁜 말의 진실함과 착한 말의 순수함을 추구하며 서정적으로 사는 이들과 함께 이야기 나누고 싶다.

예전에 다니던 직장에서 우리를 안타깝게 하는 사람이 있었다. 자기 것만 소중하고 자기 이익 챙기기 바쁘고 자기 가족만 이해하는 사람. 아주 나쁜 것만은 아니다 싶어 그러려니 하며 지내다보니 점점 직원들 간에 알력이 쌓여 갔다.

어느 날 급박한 상황이 생기고, 나서서 이야기할 사람은 나 밖에 없었고 언쟁 비슷한 걸 하는 분위기에서 좀 과격하거나 막말을 동원해야 하나 싶을 만큼 그가 억지를 부려댔지만 나름 찰나적으로 순화한 말이 "그래서 당신에게서 신뢰감을 찾을 수가 없어요."였다.

'당신이 하는 행동들에 믿을 구석이 하나도 없고 자기만 챙기니 못 봐 주겠네요'라고 하고 싶었던 것이다.

침묵할까 했었으나 필요하면 쥐어박을 때도 있어야지 하던 어느 선배의 말을 기억해낸 결과였다.

괜히 했나, 불화의 씨가 되는 말을 하지 말아야 한다는 생각에 억지로 말을 골라가며 언쟁하는 건 몹시 힘든 일이었다.

"난들 당신들에게 뭐 신뢰가 있는 줄 알아요?"라는 표독스러운 말을 등뒤로 들으며 또 가슴 한 쪽이 먹먹했다.

후회와 허탈감이 덮쳐오고 부질없다는 생각에 차 안에서 실컷 울었던 기억이 난다. 나만 옳고 다른 이는 틀렸다라고 믿는 그 마음이 그때에는 더 많이 있었다는 생각을 했다.

'I owe you'.

뜬금없이 이 말을 떠올린다.

당신 덕분입니다.

당신의 위로에 마음이 따뜻해집니다.

이런 말을 들으면 얼마나 좋은 향기가 나는지 우리들은 안다. 그저 단점만 찾아내서 힐난하고 지적하고 피드백이 전혀 안 되는 일을 저지르며 사는 우리들… 쥐어박을 생각으로 사는 것보다 위로해 줄 마음으로 사는 예쁜 세상에 서서 호흡하고 싶다.

혹시 당신 아시나요?
당신이 얼마나 근사하고 매력적인지.

혹시 당신 아시나요?
당신의 미소가 얼마나 아름다운지.

당신은 아시나요?
당신의 용서가 얼마나 용기를 주고 힘을 주는지.

이런 예쁜 말들이 민들레홀씨처럼 세상 곳곳에 날아가 흩뿌려졌으면 좋겠다.

가끔 허탄한 마음이 되면 시어머니와 직장동료가 생각난다. 그들을 견디며 내 육체가 상하고 마음이 상한다고 생각했지만, 울컥 울컥하며 쌓인 시간들이 그리 심하게 상하지 않고 맛있는 홍어처럼 잘 숙성되어서 나름의 이해와 용서를 하고 있다고 느낄 때 감사의 마음이 된다.

살면서 이런 일 말고도 더 험한 일들이 많이 일어났다. 받아들이는 마음그릇이 크면 문제되지 않을 일이기도 하다. 다만 모진말로 내상을 입히는 말들에 나는 다른 사람들보다 예민하게 반응을 했고 견디지를 못했다.

지금 그들과 다시 만나게 된다면 의뭉스럽게 '그렇죠? 어머님 제가 너무 나이 들어 보이면 새색시 같아 보이지 않겠네요.'라고 말할 수 있을까.

세월이 흐르고 나서야 무언가를 깨닫는 것이 서글프지만 아! 하고 깨닫는 순간이 가끔 생길 때 잘 쌓은 연륜에 감사하고 있다. 아직 예쁘고 아름다운 말을 찾아 같이 나누며 대화하고 싶은 마음과 민들레 홀씨같이 흩뿌려지는 글을 쓰고 싶어 펜을 든 조그만 손이 있어서 좋다.

향기를 내며 '연륜 쌓기'를 즐거워하는 나의 청춘이다.